SEGUNDA EDICION

Reservados todos los derechos.
Prohibida la reproducción, total o parcial.
de cualquiera de las partes de este libro.
Impreso en España. Printed in Spain.
© by EDITORIAL EVEREST, S. A. - LEON

ISBN 84-241-4441-4

Depósito legal: LE-67-1983

EVERGRAFICAS, S. A. - Carretera León-Coruña, km 5 - LEON (España)

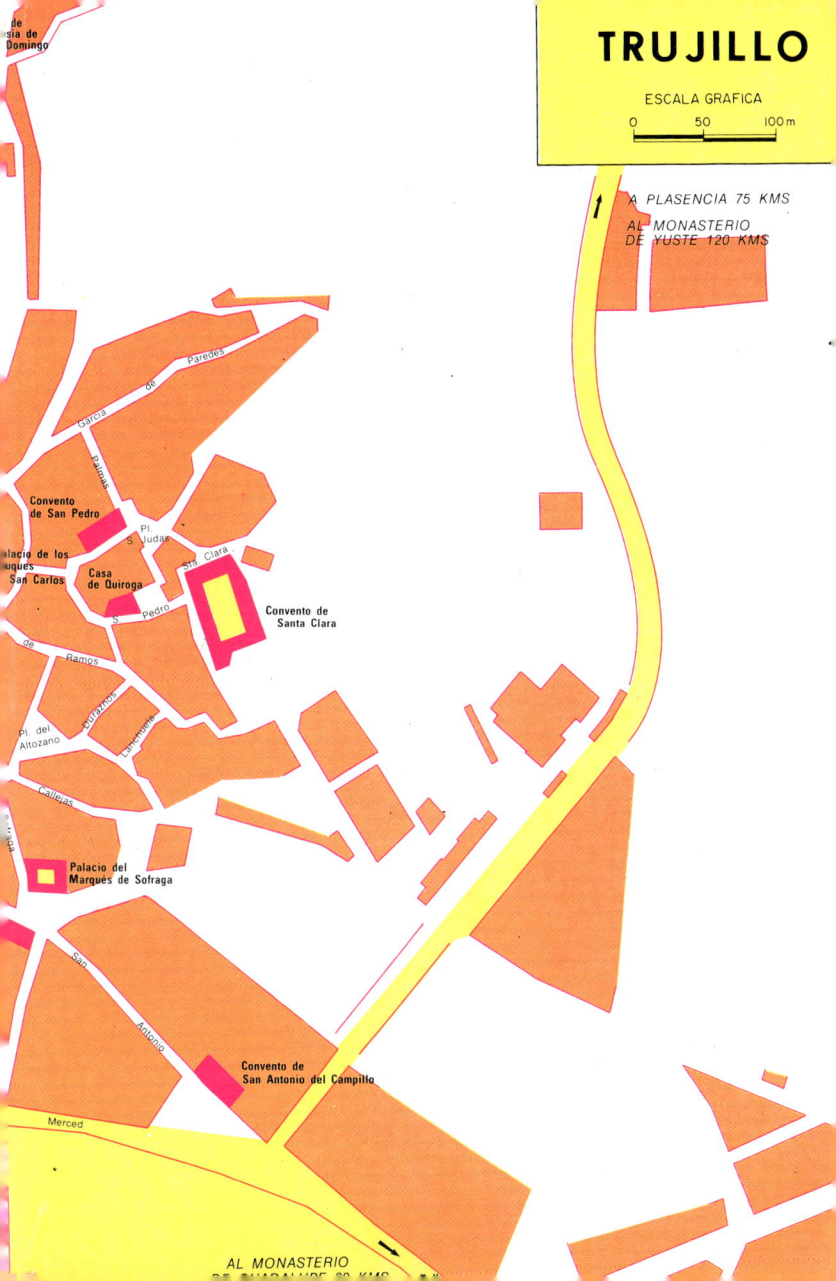

JUAN CARLOS RUBIO MASA

TRUJILLO

PRIMER PREMIO DE TURISMO «EVEREST 1979»

Fotografías: Oronoz
Juan Carlos Rubio Masa

 Editorial Everest, S. A.
MADRID • LEON • BARCELONA • SEVILLA • GRANADA
VALENCIA • ZARAGOZA • BILBAO • LAS PALMAS DE GRAN
CANARIA • LA CORUÑA – MEXICO • BUENOS AIRES

«Trujillo, la cuna de los Pizarro, la patria de los conquistadores».

MIGUEL DE UNAMUNO

FIGURA

Leguas de berrocales, encinas y amarillentos pastos dominan en el paisaje de la penillanura trujillano - cacereña, comarca natural agobiada por el sol de su estío. Casi en su centro, sobre y en la falda de un granítico monte isla, se asienta la histórica ciudad de Trujillo, aquella que un día fue madre, cuna, solar, tierra, patria de los conquistadores y colonizadores del Nuevo Mundo.

Esta noble ciudad de la Alta Extremadura muestra una imagen urbana derivada de la conformación geológica del suelo y de su historia poblacional. La roca viva del cerro

Vista aérea de la extremeña ciudad de Trujillo. (Foto Paisajes Españoles.)

El castillo y las murallas de La Villa desde la carretera de Cáceres.

le dio cimientos y los berrocales que la rodean fueron la cantera de donde surgieron esas abstractas formas de la arquitectura que el brillante y extremado sol extremeño valora.

Ese desconocido viajero o turista, al que van dedicadas estas páginas, debe saber que al complejo urbano de Trujillo lo dividen en dos zonas claramente distintas, aunque unidas: «La Villa» y «La Ciudad».

La Villa es la parte más antigua y elevada del conjunto, ocupa un perímetro irregular y alargado sobre la pequeña meseta que corona el abrupto cerro. Dominándola, y aún más prominente, está el castillo, del que parten las murallas que la cercan. Bajo ella reposan la Turgalium ibero-romana y la Torgiela musul-

mana; sin embargo, sus tortuosas, angostas y empinadas calles responden a medievales planteamientos, y fueron ellas las que conocieron el florecer de esa raza de legendarios aventureros que gestaron la epopeya hispana de América.

La Ciudad, o extramuros, fue el resultado del enriquecimiento y esplendor que conoció la población tras la conquista del continente americano. Desciende por la falda meridional del cerro, rebasando la cerca de murallas y se extiende hasta el llano. La expansión ya había comenzado a fines del XV, pero fue durante los siglos XVI y XVII cuando cobró verdadera efectividad, trasladándose y desarrollándose el centro urbano en torno a la Plaza Mayor, que actúa como antesala de La Villa.

LOS ORÍGENES

Oscuros e inciertos se nos muestran los orígenes de la ciudad de Trujillo, aunque parece que ya debió estar poblada desde tiempos prehistóricos. Encontramos restos del Eneolítico en las cercanas localidades de Robledillo, Santa Cruz, Miajadas y Plasenzuela. De época prerromana, creemos interesante destacar una serie de aras dedicadas a divinidades indígenas, como la del dios Baraeco, posible deidad protectora del ganado, descubierta en las cercanías de la ciudad.

En cuanto al origen romano de Trujillo, varias son las opiniones. Algunos autores no han dudado en señalar que fue el propio Julio César su fundador, y que su nombre procedería de «Turris Juliae»; otros lo han creído proceder de «Castra Juliae», municipio de la Lusitania, tributario de la colonia Norba Caesarina, señalado por Plinio en su descripción de la Península Ibérica. La opinión más generalizada actualmente es que el nombre más antiguo fue el de «Turgalium», que en las viejas lenguas ibéricas significaría «sin agua» o «escaso de agua». Lo que sí parece cierto es que en el área ocupada por La Villa debió existir un pequeño núcleo de población, quizá anterior a la dominación romana, y que se desarrollaría con ella. Lo testimonia un gran número de aras y cipos, además de una pequeña necrópolis en la falda baja del cerro, a escasa distencia de la puerta de La Coria, y los sillares e inscripciones aprovechadas en el castillo y murallas.

Durante las invasiones y asentamientos bárbaros debió descender la población, pues son escasos los datos referentes a la ciudad, aunque no faltan de la comarca. En Magasquilla de los Donaires, cerca de Ibahernando, fue excavada una de las pocas basí-

Iglesia conventual de San Pedro. Escudo de la Muy Noble y Leal ciudad de Trujillo. En él se refleja la tradición que atribuye la reconquista de la ciudad a una milagrosa aparición de la Virgen entre dos torres de la muralla.

licas visigodas fechadas, de gran importancia para la cronología y evolución de las construcciones eclesiales de este período del arte hispánico. A través de su lápida de fundación —hoy conservada en el Museo Provincial de Cáceres— sabemos que esta pequeña basílica, con nave y ábside de paños rectos, fue consagrada y dedicada a la Virgen, en el año 635 después de Jesucristo, por el obispo Horoncio, de la sede metropolitana de Mérida. Obra también del siglo VII es un pie de altar conservado en la parroquial de Santa Cruz de la Sierra, decorado con la típica talla a bisel de época visigoda.

Pero será con la denominación musulmana cuando Trujillo comience a tener verdadera carta de existencia. Durante el siglo IX, el territorio comprendido entre Medellín, Trujillo y Logrosán estaba ocupado por la tribu berberisca de los Nafza, que se agrupaban bajo la bandera de los Beni Feranic. En el año 881 fueron sorprendidos por una atrevida incursión del rey asturiano Alfonso III, que cruzó el Tajo por Alconétar y saqueó las fortalezas de la tribu. El historiador Velo y Nieto supone que, debido a esta incontrolada acción de las tropas cristinas, los musulmanes decidirían consolidar y ampliar las defensas de Trujillo. Así, resulta probable que a fines del siglo IX o comienzos del siguiente comenzasen las obras del castillo de Trujillo.

Será a mediados del siglo X cuando comience a florecer la medina de Trujillo, o de Torgiela, como se denominó durante la ocupación islámica. En la parte más elevada del cerro estaba el castillo o alcazaba; su cuadrada estructura, con torres rectangulares de refuerzo y dos amplios aljibes, se constituía el reducto inaccesible donde concentrar la población en caso de asedio. Y a su sombra, en un perímetro aproximado al de La Villa, se situaba el espacio de habitación, al que cercaban murallas planteadas por aquel entonces. Varios eran los arrabales de la ciudad y se ex-

Artístico rollo de fines del siglo XV. ▶

tendían por la falda meridional del promontorio hasta alcanzar el llano.

La mezquita alhama o principal parece que estaba situada bajo la actual iglesia de Santa María, en el corazón de La Villa, y es probable que parte de su alminar fuese absorbido por los muros de la torre románica; quizá de este hecho venga la denominación de «Torre Juliana» a esta edificación, al pensar y confundir que el viejo alminar, englobado en su macizo cuerpo inferior, fue esa hipotética torre que recoge la tradición, y que fue mandada construir por Julio César para conmemorar su supuesta fundación de la ciudad. Otra mezquita existía en los arrabales, nos es conocida a través de una carta de 1502, en la que los Reyes Católicos hacían donación de ella a los franciscanos para que se construyeran ciertas dependencias de su convento.

En la primera mitad del siglo XII, El Edrisi, en su descripción de España, vio así la ciudad: *«De Medellín a Trujillo, dos jornadas largas. Esta última villa es grande y parece una fortaleza. Sus muros están sólidamente construidos y hay bazares bien provistos. Sus habitantes, tanto jinetes como infantes, hacen continuas incursiones en el país de los cristianos. Ordinariamente viven del merodeo y se valen de ardides».*

DE LA RECONQUISTA A LOS REYES CATÓLICOS

El rey de Castilla, Alfonso VIII, después de conquistar el lugar de Ambroz y fundar allí la ciudad de Plasencia, entró en Trujillo el año 1186. Intentando atraer a las Ordenes Militares para asegurarse la plaza y la frontera, concedió la mitad de los diezmos de la ciudad y su tierra a la orden de Santiago. En 1195, y continuando con esta política, donó a la de San Julián de Pereiro, además de otras, la villa y castillo de Trujillo.

Sin embargo, los almohades, habiendo vencido al rey

castellano en la batalla de Alarcos —1196—, se dirigieron hacia la frontera oeste, conquistando Montánchez, Santa Cruz, Trujillo y Plasencia. Poco tiempo después, el rey Alfonso reconquistó Plasencia y la fortificó; pero Trujillo no lo fue hasta que los freires de las Ordenes Militares y el obispo de Plasencia la sitiaron en 1232, logrando su rendición el 25 de enero de ese mismo año. Tras la liberación, la orden de Pereiro restableció su convento; dos años después Fernando III, reconociendo la importancia de la villa, la incorporó a la corona, trocándola por la villa y castillo de Magacela, que entregó a los freires.

Los primeros repobladores de Trujillo dieron lugar a los linajes más antiguos de la ciudad: Añasco, Altamirano, Bejarano, Chaves, Orellana, Escobar, Pizarro, etc. Estos, que intervinieron como fonsado en la liberación, se repartieron los cargos concejiles, y se les otorgó el privilegio de población y señorío sobre casa solar y tierra de la Jurisdicción de Trujillo. Poco después, en 1256, Alfonso X el Sabio concedió un Fuero al concejo de la villa y el privilegio de no pechar los caballeros que poseyeran *«casas con gran población, además de caballos y armas»*.

Quizá los hechos más significativos que sucedieron hasta 1430, año en que Juan II otorgó el título de ciudad a la entonces villa, fueron, por una parte, las rapiñas y asaltos de los Golfines, bandoleros que después de obtener grandes riquezas se ennoblecieron, asentándose en la ciudad de Cáceres; y, por otra, los bandos o facciones nobiliarias del reinado de Pedro I el Cruel, banderías que no alcanzaron las cotas sangrientas de otras ciudades castellanas.

Enrique IV donó la ciudad y su castillo al marqués de Villena, que defendía los intereses sucesorios de la Beltraneja. Tras la muerte del monarca fue atacada la plaza por Luis Chaves el Viejo, Clavero de Alcántara y partidario de Isabel la Católica, que ganó la ciudad y el castillo con la

Madrid. Museo de América. Retrato del marqués Francisco Pizarro, conquistador del Perú.

ayuda del maestre Alonso de Monroy. Poco tiempo después, en 1478, los Reyes Católicos fueron a Trujillo, desde donde dirigieron parte de la guerra contra el rey de Portugal, pretendiente al trono de Castilla por su matrimonio con doña Juana la Beltraneja, unión que se celebró en Plasencia tras salir precipitadamente de Trujillo, donde no se pudo oficiar por los ataques de Clavero. Durante el tiempo que estuvieron en la ciudad, los Reyes Católicos residieron en el alcázar de su fiel partidario Luis Chaves, junto a la puerta e iglesia de Santiago.

PIZARRO Y EL DEVENIR AMERICANO

Tras la unidad de los reinos de España en la nueva monarquía de Isabel y Fernando, Trujillo decae como plaza fuerte, pero pasa a ser la cuna y escuela de aquellos esforzados y valientes conquistadores, que sin haber visto nunca el mar —como diría don Miguel de Unamuno—, se lanzaron a cruzarlo para ir a la conquista de Eldorado, sedientos de oro y aventuras. Pero debemos aclarar que la conquista y colonización del continente americano fue también emigración, y emigración como hoy la entendemos, aunque los métodos y situaciones fueron distintos. Supuso el abandono o la huida de su tierra, para buscar una nueva donde mejor desarrollarse y obtener riquezas, honor y gloria.

Las Indias occidentales representaron el hallazgo de un nuevo espacio vital donde poder crear una sociedad en la que no prevalecerían los condicionamientos sociales que reinaban en la secular patria natal; condicionamientos sociales que se podrían resumir en dos hechos:

El primero era el excesivo dominio señorial que ejercían las clases privilegiadas del antiguo régimen, y que tenía como consecuencia el difícil ascenso de clase y posición económica —el servidor era hijo y sería padre de servidores—. El descubrimiento de América vino a suponer, en principio, la posibilidad de desarrollo de ideas similares a las contemporáneas teorías de Tomás Moro, que en su *Isla Utopía* planteaba una sociedad sin clases y sin dominadores.

El segundo era más particular y afectaba tanto a segundones y bastardos de las clases nobiliarias —que se veían perjudicados por el primogénito que heredaba el mayorazgo—, como a nobles empobrecidos e hidalgos; éstos sólo encontraban como salida dedicarse a la milicia e ingresar en el estado religioso. Este punto afectó profundamente a Francisco Pizarro, que era hijo natural de Gonzalo Pizarro, personaje de la alta nobleza trujillana, y de Francisca González, servidora de la familia. Actualmente hay que olvidar las leyendas y falsas historias que ven a Pizarro como un bastardo desafortunado, que vivió su infancia y juventud como porquero en las heredades de su padre. Francisco, en calidad de hijo ilegítimo de importante familia, recibió, al igual que sus hermanos de padre, una adecuada instrucción en las armas y la milicia; así, podemos explicarnos que muy joven marchase a las campañas de Italia bajo las órdenes del Gran Capitán, y posteriormente bajo las del marqués de Pescara.

Tras el descubrimiento, y como otros muchos, se embarcó hacia las tierras de la mar Océano, las Indias; de haber permanecido en Trujillo, Pizarro no hubiera dejado de perder su «status» social. Para él, como para tantos, América suponía esa nueva tierra de promisión donde poder desarrollar sus dotes militares y, al mismo tiempo, obtener la fama y las riquezas que nunca habría conseguido en la Península.

Años después, y ante el éxito de las empresas, fueron numerosos los trujillanos que le siguieron, aun con mayorazgo, como su hermano Hernando Pizarro; sin embargo, hemos de señalar que la mayoría siguió siendo de segundones, hidalgos, escuderos y

Palacio del marqués de la Conquista. Detalle del balcón en ángulo con los bustos de Francisco Pizarro y de su mujer Yupanqui Huaynas en el intercolumnio.

religiosos. Queremos aquí recordar los nombres de algunos hijos de Trujillo, que junto con Francisco Pizarro, destacaron por sus heroicas hazañas en el continente americano. En el Perú, Hernando, Gonzalo, Juan y Diego Pizarro, Diego y Francisco de Chaves, Blas de Soto y Fray Jerónimo de Loaísa, que fue primer obispo de Lima y Car-

Palacio del marqués de la Conquista. Detalle del balcón en ángulo con los bustos de Hernando Pizarro y de su esposa Francisca Pizarro Yupanqui en el intercolumnio.

tagena de Indias. En Venezuela, Diego García de Paredes, el hijo del «Hércules extremeño», que fundó la ciudad de Trujillo. En Chile estuvieron Alonso de Monroy y Gaspar Calderón Altamirano. Francisco de Orellana en la selva amazónica y Hernando de Alarcón en California.

Ellos fueron los que pusieron las primeras notas de esa

Vista general del castillo. ▶

Subida al castillo.

sinfonía del Nuevo Mundo que cantan los países de lengua hispana. No podemos olvidar que la colonización española de América viene marcada por el signo del mestizaje, ya que el conquistador o emigrante se mezcló y convivió con los indígenas; lejos estamos de esas otras formas de colonización, donde los primitivos pobladores fueron relegados a reservas o exterminados. De nuevo el caso Pizarro nos es imprescindible para mejor ilustrarnos en esta fa-

El castillo. Puerta de época califal que da acceso al patio de armas.

El castillo. Granítica imagen de la Virgen de la Victoria, Patrona de Trujillo.

ceta; Francisco tomó como mujer a doña Inés Yupanqui Huaynas, hija y hermana de los últimos emperadores incas, de la que tuvo una hija, doña Francisca Pizarro Yupanqui, que casó con su tío carnal Hernando Pizarro. De esta manera, la sangre extremeña de los conquistadores se mezcló con los indígenas de los hijos del Sol, proclamando —como ha señalado el marqués de Canilleros— el mestizaje, signo cristiano de la colonización española del continente americano.

◄ *El castillo. Detalle del albacar; en primer término, la antigua ermita de San Pablo.*

EL CASTILLO

Como ya hemos señalado, el castillo o alcazaba trujillana se asienta en la parte más elevada del cerro, dominando la ciudad y la amplia llanura. Consta de un núcleo central cuadrado al que se adosan torres rectangulares macizas, articulándose con numerosos quiebros sus gruesos muros de sillería mal escuadrada. En su lado oeste, dos cuadradas torres albarranas avanzan hacia La Villa, hoy separadas del resto de los muros al perder los arcos o puentes de madera que los unían a ellos. Una segunda cerca de forma irregular rodea este núcleo cuadrado. En su lado sur, otra torre unida a la cerca por un largo muro se proyecta hacia la Plaza Mayor. En la esquina sur del lado oeste, donde han desaparecido los muros, se abriría la puerta del recinto exterior, forzando la entrada en acodo o desenfilada al recinto central, solución típica de las construcciones hispano-musulmanas.

La puerta principal se abre entre dos torres gemelas. Su interior aparece compartimentado en tres espacios rectangulares que aumentan progresivamente hacia el patio de armas. Los vanos de entrada y salida se proyectan bajo arcos de herradura peraltados que por sus características técnicas nos hacen situarlos dentro del arte califal cordobés del siglo X. El castillo de Trujillo se encuentra dentro de la línea constructiva de las grandes fortalezas del Califato de Córdoba. Antecedente suyo en estructura, aunque de tamaño superior, es la alcazaba o Conventual de Mérida, construida en el año 833 para la defensa del puente sobre el Guadiana. Hacia el 960 se construyó el castillo de Tarifa; poco posterior debe ser el castillo de El Vacar, que defendía la vía de Extremadura. Todas estas fortalezas califales se caracterizan por presentar

en planta una disposición más o menos cuadrada, torres rectangulares macizas articulando los muros y puerta principal entre torres gemelas.

Tras la reconquista, el castillo sufrió varias reconstrucciones, reformas y añadidos. En su lado norte, la parte posiblemente más vulnerable, se construyó, durante los siglos XIII y XIV, un albacar o recinto murado del exterior de la fortaleza, con entrada a la plaza de armas y salida al campo. Este gran espacio de forma poligonal irregular se halla reforzado por torres rec-

La Villa. Murallas de poniente.

tangulares y por otra muy avanzada torre albarrana. En su interior, entre floraciones de berrocales, se edificó en el siglo XVI una pequeña ermita dedicada a San Pablo, en cuya festividad fue liberada la ciudad por las tropas cristianas.

Sobre la puerta del recinto central y en reducida capilla se venera la granítica imagen de la patrona de Trujillo, la Virgen de la Victoria, que fue tallada en 1531 por el maestro de cantería Diego Durán, y perfeccionada en 1583 por el escultor Juanes de la Fuente.

LA VILLA:
MURALLAS Y PUERTAS

Aunque de origen musulmán, las murallas de La Villa han sufrido numerosas y profundas transformaciones y reparos a raíz de la reconquista, siendo en su mayor parte obra cristiana. El cerco, regularmente conservado, muestra muros de mampuesto unido con abundante cal y arena; también aparecen sillares en algunas partes bajas, siendo generalmente aprovechados de antiguas construcciones, algunas romanas. Se refuerza la cerca con diecisiete torres, que se disponen irregularmente; suelen ser cuadradas o rectangulares y construidas con los mismos elementos que los lienzos, aunque reforzados sus ángulos con sillería. Torres y cerca se coronan con un almenaje cuadrado de remate piramidal. La zona mejor conservada es la de poniente, opuesta a la de expansión de la ciudad, no habiendo sido, por tanto, absorbida entre el caserío.

Algunos autores señalan que el recinto murado tuvo siete puertas, actualmente sólo quedan cuatro: Santiago, San Andrés, de Triunfo y de La Coria, todas posteriores a la reconquista. Las puertas de Santiago y de San Andrés, que se abren al mediodía, hacen suponer estructuras anteriores que fueron sustancialmente modificadas hacia el último cuarto del siglo XV. La primera, que talla sus partes bajas en la roca viva, es la más cercana a la Plaza Mayor y se abre entre las torres del alcázar de los Chaves y de la iglesia de Santiago. Sus vanos son de medio punto y sobre el de ingreso una hornacina abierta y vacía, decorada con veneras y bezantes, albergó en otro tiempo una espléndida imagen de Santiago Matamoros; a uno de sus lados cam-

La Villa. Puerta de Santiago desde el interior del recinto murado.

La Villa. La puerta de Triunfo desde el interior de la cerca.

◀ *La Villa. El gótico arco o puerta de San Andrés.*

pean los escudos de los Reyes Católicos y de los Orellana.

La de San Andrés se abre bajo arcos apuntados, que descansan en impostas pometeadas; su frente de sillería es posiblemente resto de la primitiva puerta, como lo es también la lápida situada junto al escudo real, añadido a comienzos del siglo XVI.

Por la puerta de Triunfo, según la tradición, entraron las tropas cristianas después de la liberación de la ciudad en 1232. Su estructura actual, como las anteriores, muestra modificaciones y añadidos de fines del siglo XV y comienzos del siguiente, aunque se aprovechan los sillares y los escudos de la primitiva. Así, en su parte interna, se conservan tres pequeños escudos de los Bejarano, Orellana y Añasco, flanqueando una hornacina del siglo XVI. Sobre el vano de ingreso, un escudo real de Isabel y Fernando con el águila de San Juan por tenante.

La puerta de La Coria es un sencillo arco apuntado y como la anterior se abre a poniente.

LA VILLA: CASAS FUERTES Y SOLARIEGAS

El incansable viajero del siglo XVIII, Antonio Ponz, describió La Villa de esta manera: «...*aquélla es un parage elevado con cerca de murallas, castillo, altísimas torres, y plaza de armas, donde hay una ermita dedicada a S. Pablo, en cuyo día se conquistó de los Moros. Al rededor de este lugar fuerte están las casas de la mucha, y distinguida nobleza que antiguamente vivía en Trujillo: estaban fortificadas con altas torres, saeteras, troneras, etc., y se ven muchos escudos de armas, distinguiéndose los de las primitivas familias*».

Tras la Guerra de la Independencia y el abandono consiguiente, La Villa se vio convertida en un montón de escombros, pero son todavía hoy muy numerosas las casas fuertes y solariegas que se conservan, a pesar de que el estado de algunas no sea muy prometedor.

Ordinariamente, son recias

La Villa. La puerta de Triunfo desde el exterior del recinto de murallas.

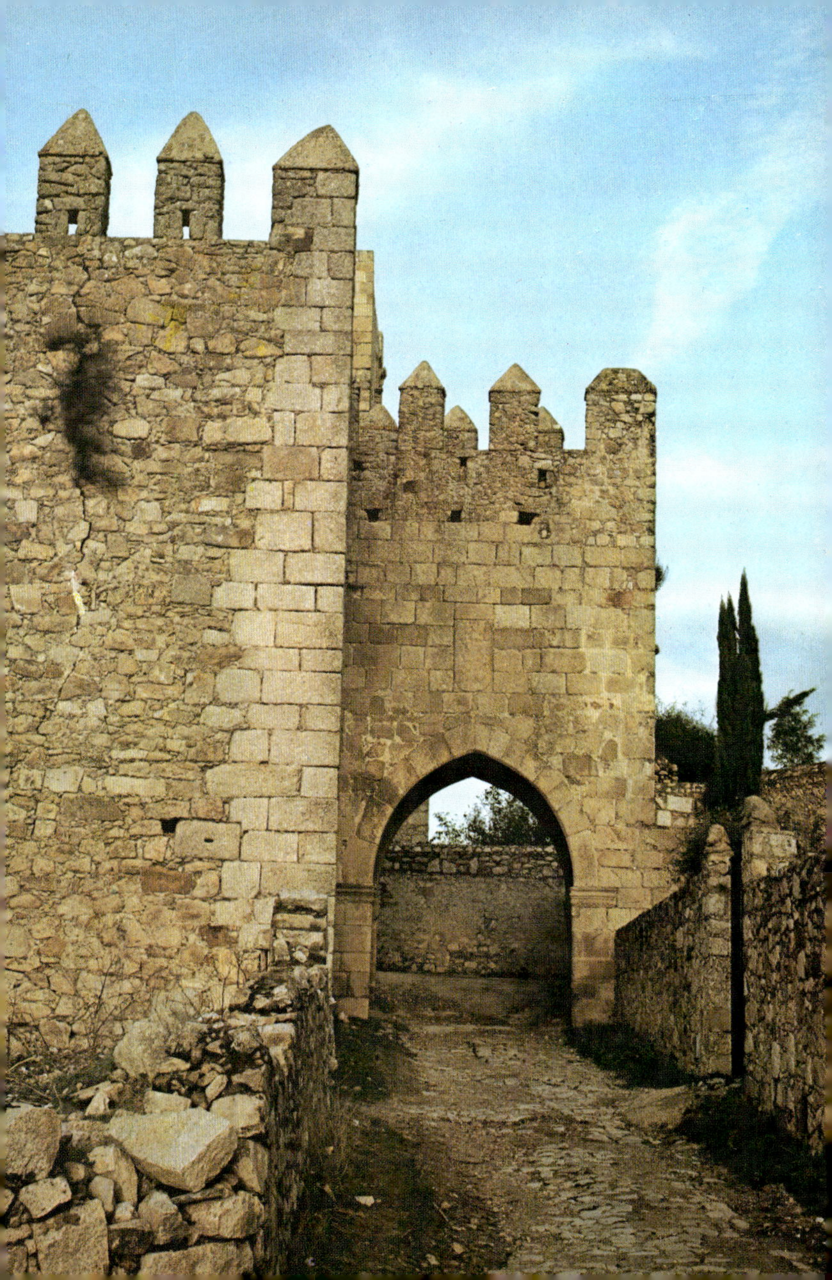

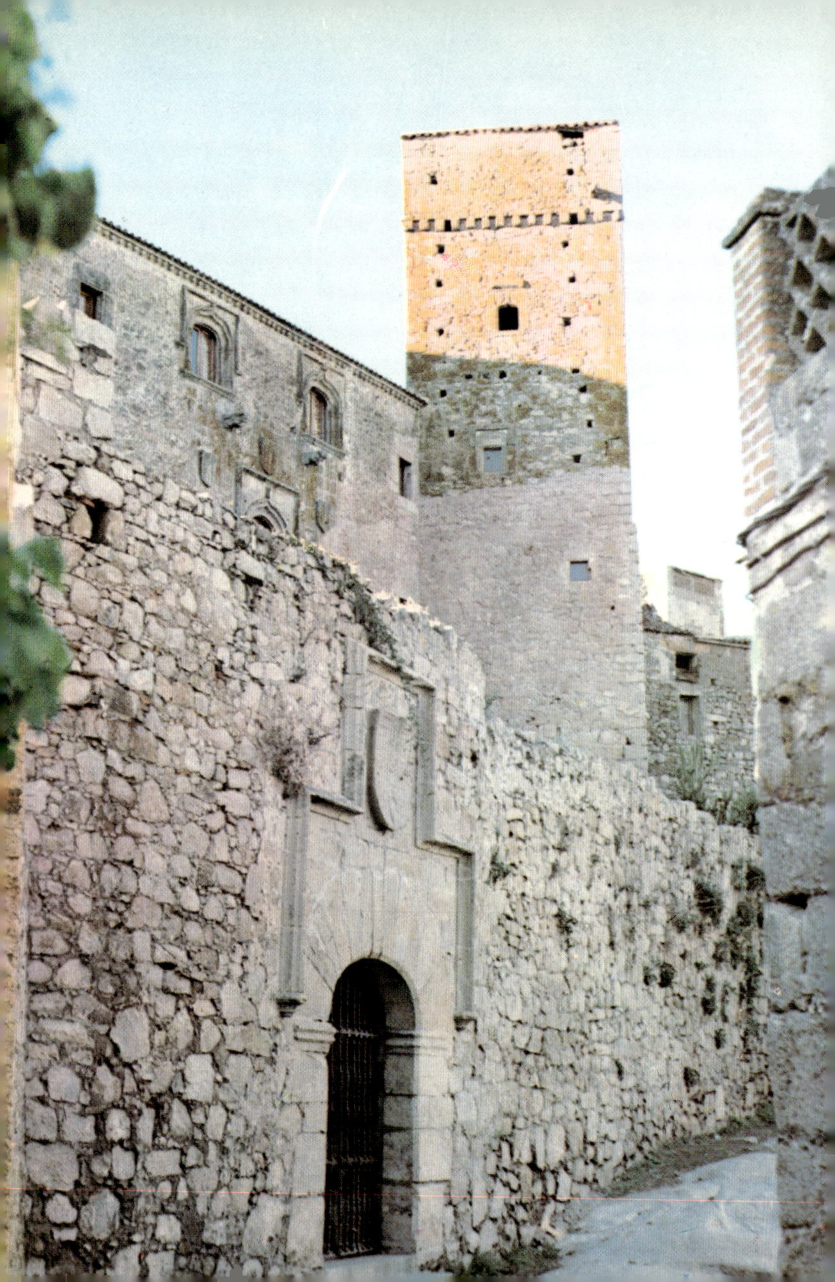

Reja del alcázar de los Chaves.

◀ *Alcázar de los Chaves.*

mansiones de gruesos muros de mampostería o de sillería, predominando los primeros, reforzadas sus partes vivas con sillares graníticos. Es muy poco utilizado el ladrillo o el tapial, aunque pueden aparecer en las divisiones internas de los edificios o para construir bóvedas. En los vanos se suele utilizar el granito en largas dovelas o gruesos dinteles; el alfiz que los protege se presenta en numerosas ocasiones cobijando escudos. La división interna de estancias es muy variada, cambiando con las épocas o dignidad de los moradores; generalmente suelen presentar un zaguán en la entrada, que puede o no comunicar con un patio interior desde el que se distribuyen las estancias y salas. Alguna casa tiene además una pequeña capilla u oratorio privado.

Por lo general estas casas fuertes y solariegas son producto de reconstrucciones y adiciones de varias épocas, respondiendo las reformas de los siglos XV y XVI al deseo de adecuar las estructuras defensivas en mansiones de tipo palaciego o señorial. Así ocurre con el alcázar de Luis Chaves el Viejo, que formaba parte de la fortificación de La Villa, flanqueando con una de sus torres la puerta de Santiago. Sus partes más antiguas deben corresponder al siglo XIV, aunque su aspecto general procede de la reestructuración efectuada a fines del siglo XV; a esta época corresponden los vanos de la fachada meridional con conocopio de arquivoltas, alfiz y decoración de pomas. Ya del siglo XVI son las rejas, rematadas en cartelas con bustos y las cinco llaves del blasón de los Chaves.

El alcázar de los Altamirano, conocido por el «Alcazarejo», servía también de defensa a La Villa y fue comenzado a construir por Fernán Ruiz, que participó en la reconquista de la ciudad. Sus muros de mampostería y algunas ventanas geminadas son resto de la primitiva estructura. La portada principal, obra del siglo XVI, se abre entre dos torres desmochadas y muestra los diez roeles del escudo de los Altami-

Torre desmochada del alcázar de los Chaves. En la plazuela dedicada al fundador de la ciudad de Trujillo en Venezuela.

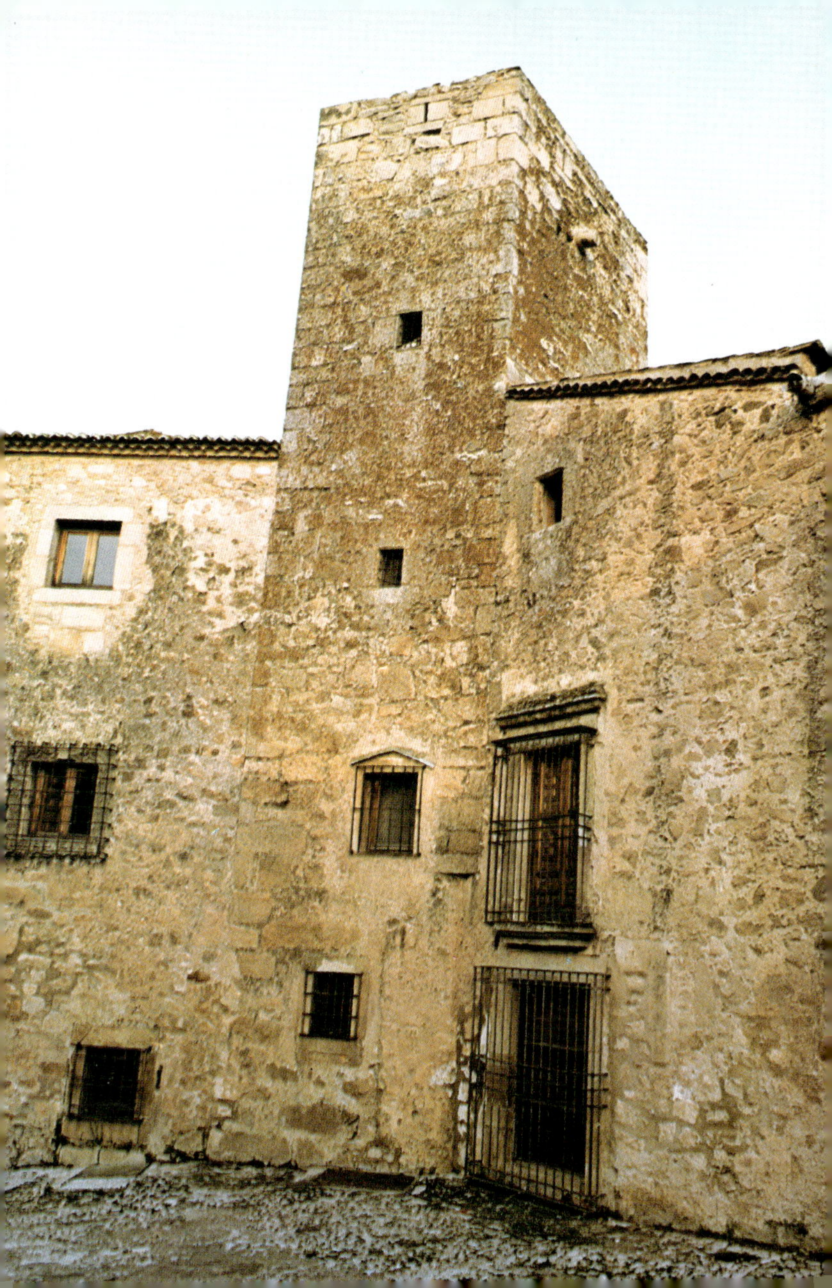

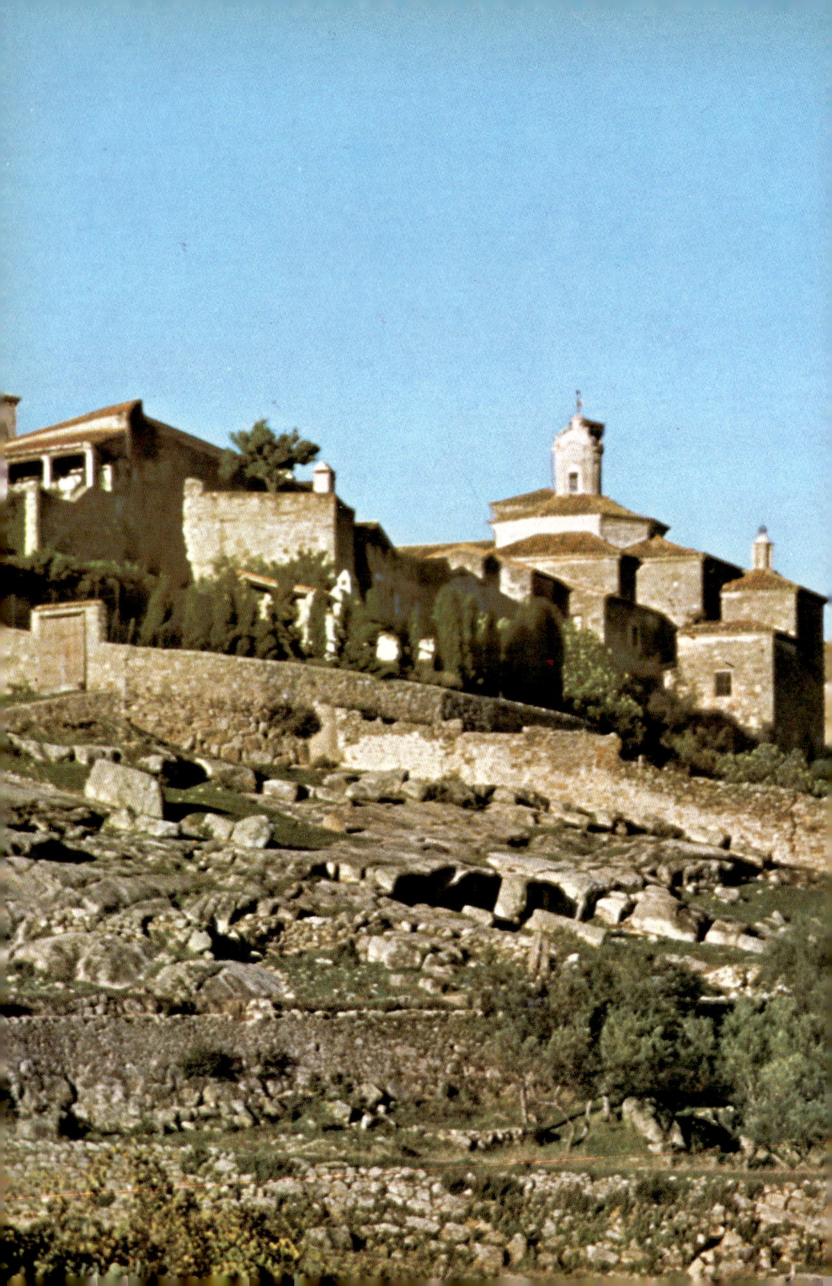

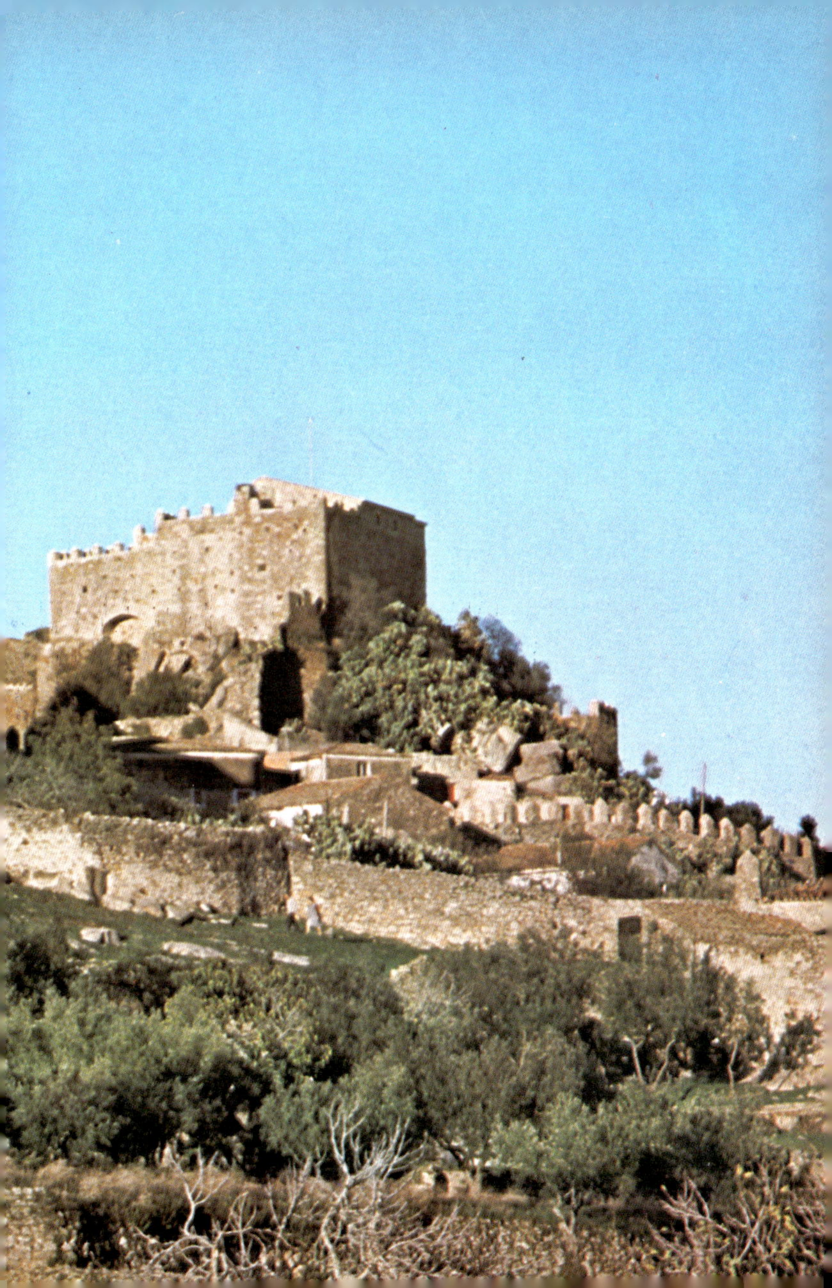

Casa fuerte de los Escobar desde el arco de San Andrés.

◀ *Hospital de la Concepción y alcazarejo de los Altamirano.*

Torres del alcázar de los Bejarano.

rano. En su interior existe una pequeña capilla y un salón con decoración esgrafiada a base de grutescos y un gran panel con el escudo del linaje.

No lejos, y junto a la puerta de San Andrés a la que servía de defensa, se halla la casa fuerte de los Escobar, de finales del siglo XV o comienzos del siguiente. Se trata de un magnífico ejemplar de arquitectura civil de la época de los Reyes Católicos. Se compone

Detalle de una de las torres del alcázar de los Bejarano.

de un cuerpo bajo y una torre rectangular. Sus ventanas superiores se abren bajo arcos de diversos tipos, con columnillas, ménsulas y capiteles góticos; se enmarcan con alfices decorados, al igual que las cornisas, por las típicas pomas o bolas de la arquitectura hispano-flamenca. Ya avanzado el siglo XVI debió añadirse el resto de la casa, abriéndose las ventanas con rejas de la parte baja.

Al suroeste de La Villa, y junto a la puerta de Triunfo, se yerguen dos torres como únicos restos del alcázar de los Bejarano. Oriundos éstos de Portugal, intervinieron en la toma de la ciudad y formaron uno de los linajes más antiguos e importantes de Trujillo. La torre más pequeña

La Alberca. Viejo baño público.

Escudo de los Hinojosa-Calderón.

Escudo acogido en alfiz de la casa de los Hinojosa-Calderón y Solís.

Portada de la casa solariega de los Rol-Zárate y Zúñiga.

Portada y balcón en ángulo de la casa solariega de los Chaves-Calderón. ▶

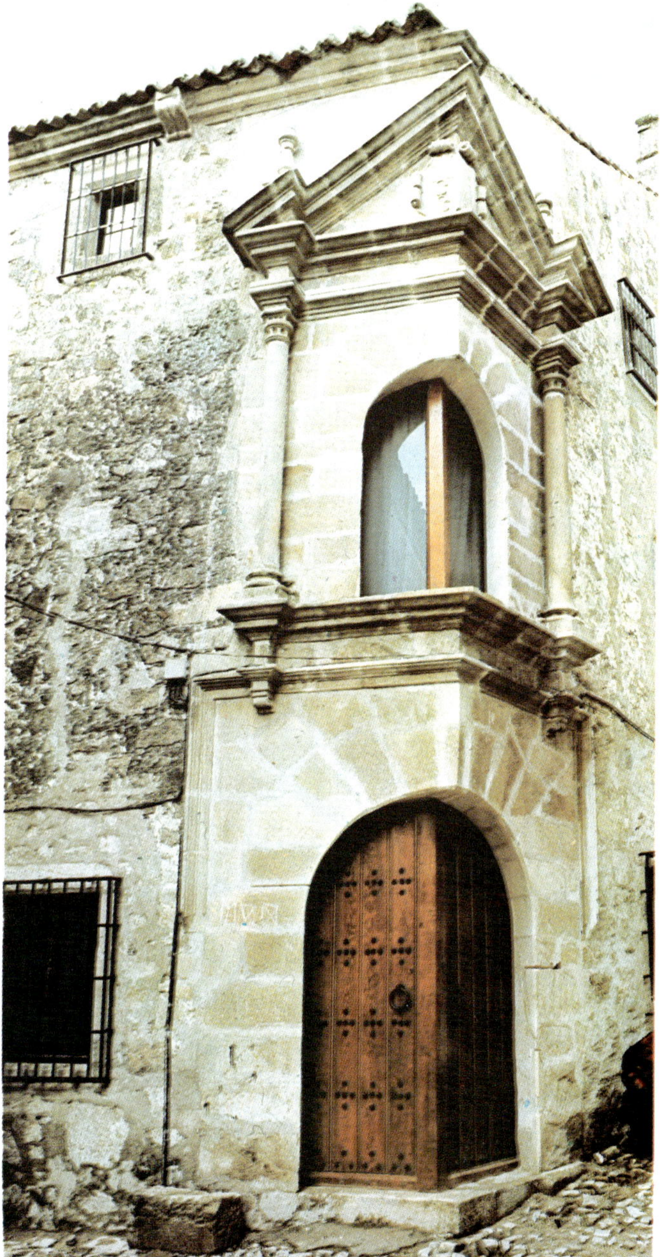

—según Mélida— puede datar del siglo XIII, la otra es algo posterior; ambas son cuadradas y de mampostería, con vanos bajo arcos de ladrillo, obra de tradición mudéjar. Junto a ellas se edificó a finales del siglo XV la casa-palacio, de la que es resto una portada con largas dovelas y alfiz, que se prolonga en su zona media para cobijar el escudo del linaje y una invocación.

La calle de las Palomas es una de las más típicas de La Villa y en ella se conservan varios artísticos e históricos edificios. La casa solariega de la alianza Rol-Zárate y Zúñiga tiene una bella fachada de sillería y portada con largas dovelas, en la que aparece un escudo de armas protegido por alfiz; en el primer cuartel trae cinco tórtolas puestas en aspa, que son blasón de los Rol y por confusión con palomas, dieron nombre a la calle.

Enfrente está la casa de los Chaves Calderón, con excelente y artística portada y balcón en ángulo, obra de la segunda mitad del siglo XVI. Al final de la calle, y lindando con la anterior, se encuentra la casa natal y solariega de Francisco de Orellana, descubridor del Amazonas, que estuvo con Hernán Cortés en México y luego pasó al Perú con sus parientes los Pizarro; en 1538 fundó la ciudad de Santiago de Guayaquil, siendo posteriormente nombrado Gobernador y Capitán General de la Nueva Andalucía, en la selva amazónica.

En la perpendicular calle de los Naranjos está la casa solariega de los Hinojosa-Calderón y Solís, con bellos escudos dentro de alfices; el más elevado con ménsulas decoradas con dos bustos, masculino y femenino, hacen quizá alusión al matrimonio o alianza familiar. Es este edificio un magnífico ejemplar de mediados del siglo XVI.

Junto al costado norte de Santa María la Mayor todavía se mantienen las ruinas del palacio de los Pizarro de Hinojosa, marqueses de Lorenzana; conserva una bella ventana adintelada del si-

Casa solariega y natal de Francisco de Orellana, descubridor del Amazonas.

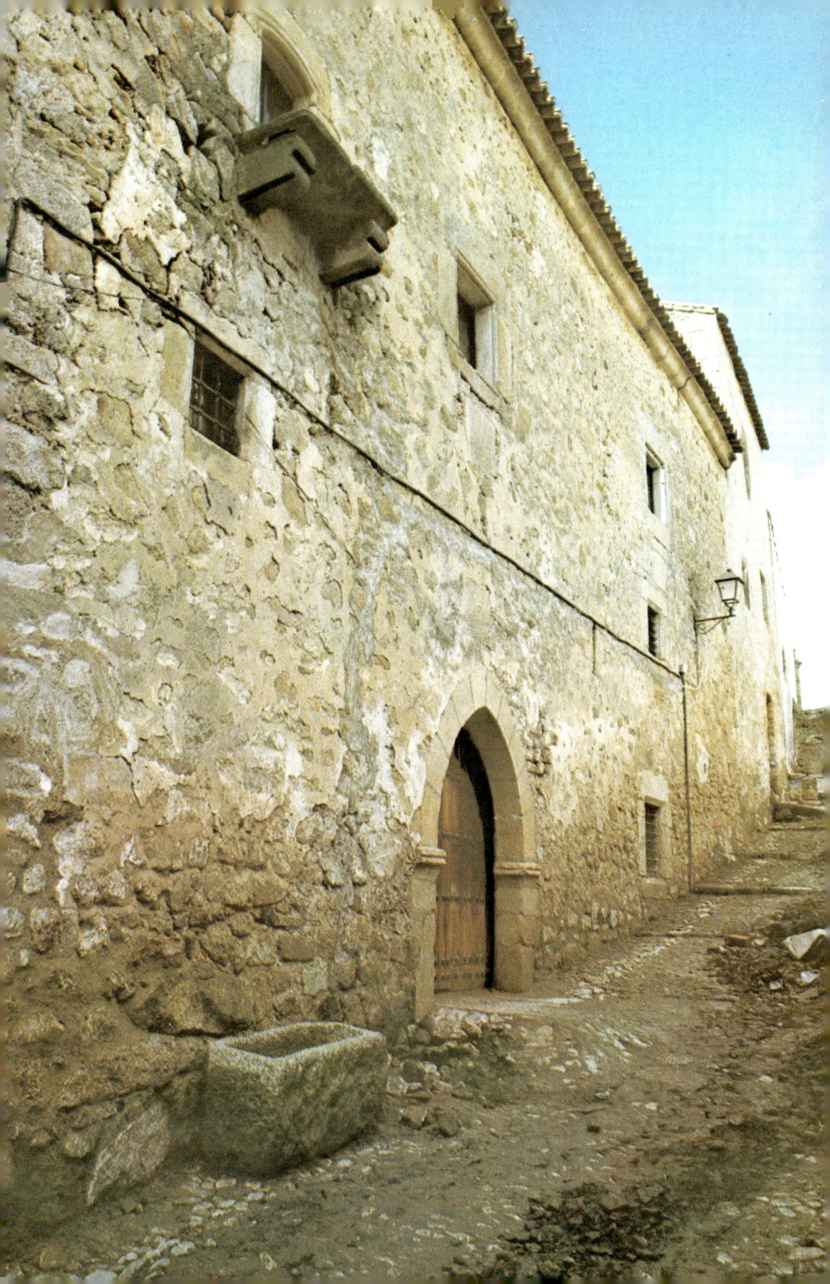

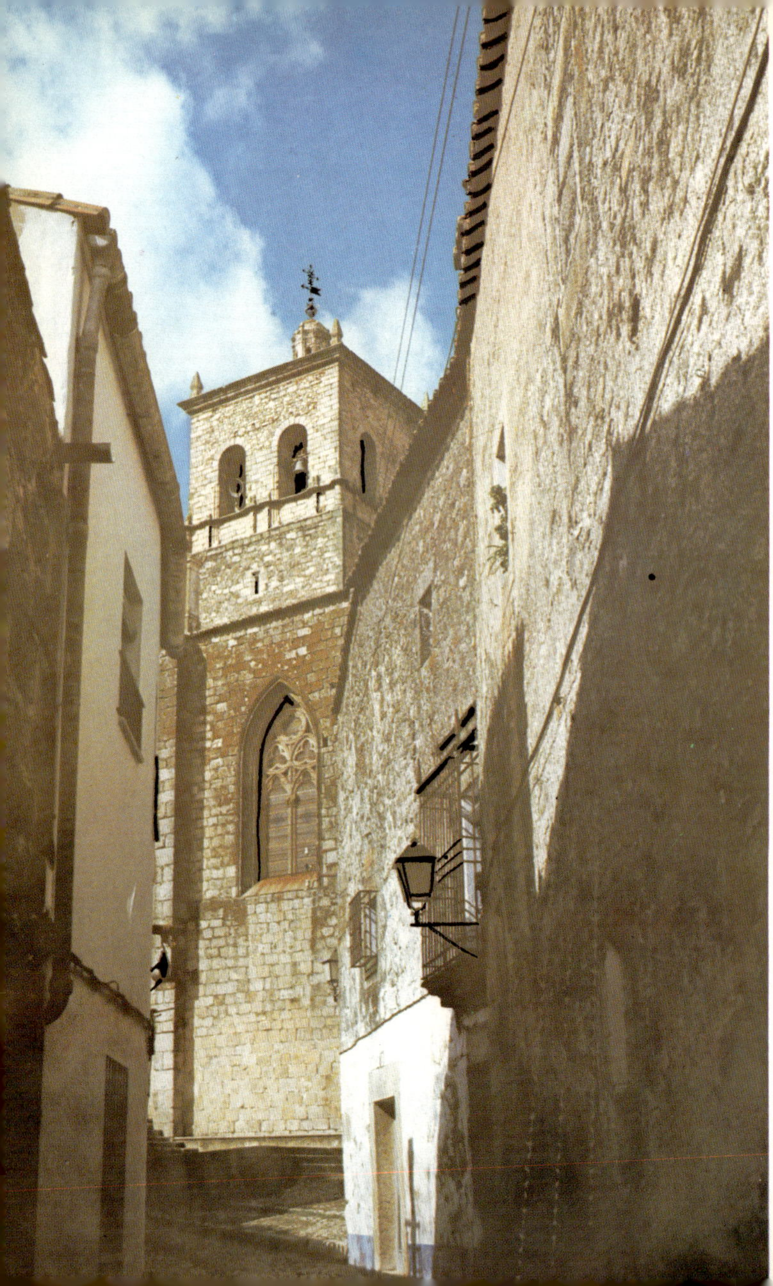

Casa solariega de los Pizarro.

glo XVI, primorosamente decorada con festones de frutas y grutescos.

Al lado, la reconstruida casa solariega de los Pizarro muestra una sencilla y rústica puerta apuntada; su escudo trae dos osos rampantes a un sauce. En ella nació Gonzalo Pizarro, padre del conquistador.

Formando parte del convento de la Concepción Jerónima, se levanta una bella torre cuadrada de finales del siglo XV con ricas ventanas geminadas enmarcadas por moldurados alfices. Es resto

◀ *Calle de Santa María.*

El Mirador de las Jerónimas.

del antiguo palacio de los Vargas y se conoce como «Mirador de las Jerónimas».

Las cercanas calles de Gargüera, Santa María, Cambrones, de la Victoria, Alhamar, de los Moritos, etc., discurren entre antiguas y bellas casas solariegas, con ricas fachadas blasonadas, que lo reducido del espacio nos obliga a omitir; pero que en sí, en su trazado y estructura, evocan aquellos tiempos en que Trujillo y Extremadura eran «la tierra donde nacían los dioses», esos hombres que contribuyeron con su esfuerzo a la gesta de la Hispanidad.

Bocas de Aljibe en la plazuela de los Altamirano. Al fondo, la iglesia de Santa María la Mayor.

SANTA MARÍA
LA MAYOR

Dejando atrás la puerta de Santiago y ascendiendo por la calle de Alhamar llegamos al corazón de La Villa, allí encontramos la parroquial de Santa María la Mayor, el más antiguo templo de Trujillo, al parecer construido sobre la mezquita alhama de Torgiela, de la que no quedan restos.

Debió iniciarse su construcción hacia el último cuarto del siglo XIII, prolongándose durante el siguiente; en origen su fábrica responde plenamente a ideas góticas, aunque algo tamizadas por rezagados resabios románicos. A mediados del siglo XVI, se realizaron importantes reformas que afectaron especialmente a las bóvedas de las naves y al coro.

En planta presenta tres naves y capilla mayor poligonal. En su lado norte se adosan dos torres, una en la cabecera y otra a los pies del recinto, y

Santa María la Mayor. Portada de poniente.

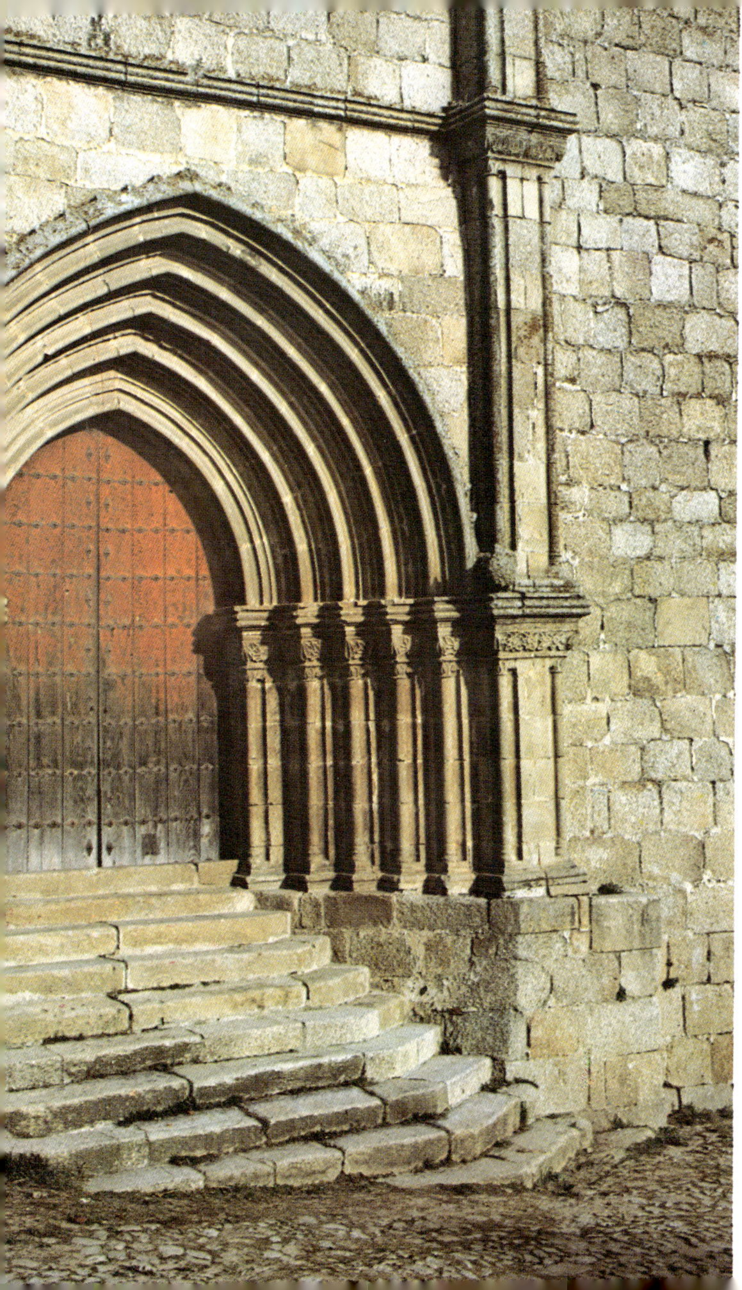

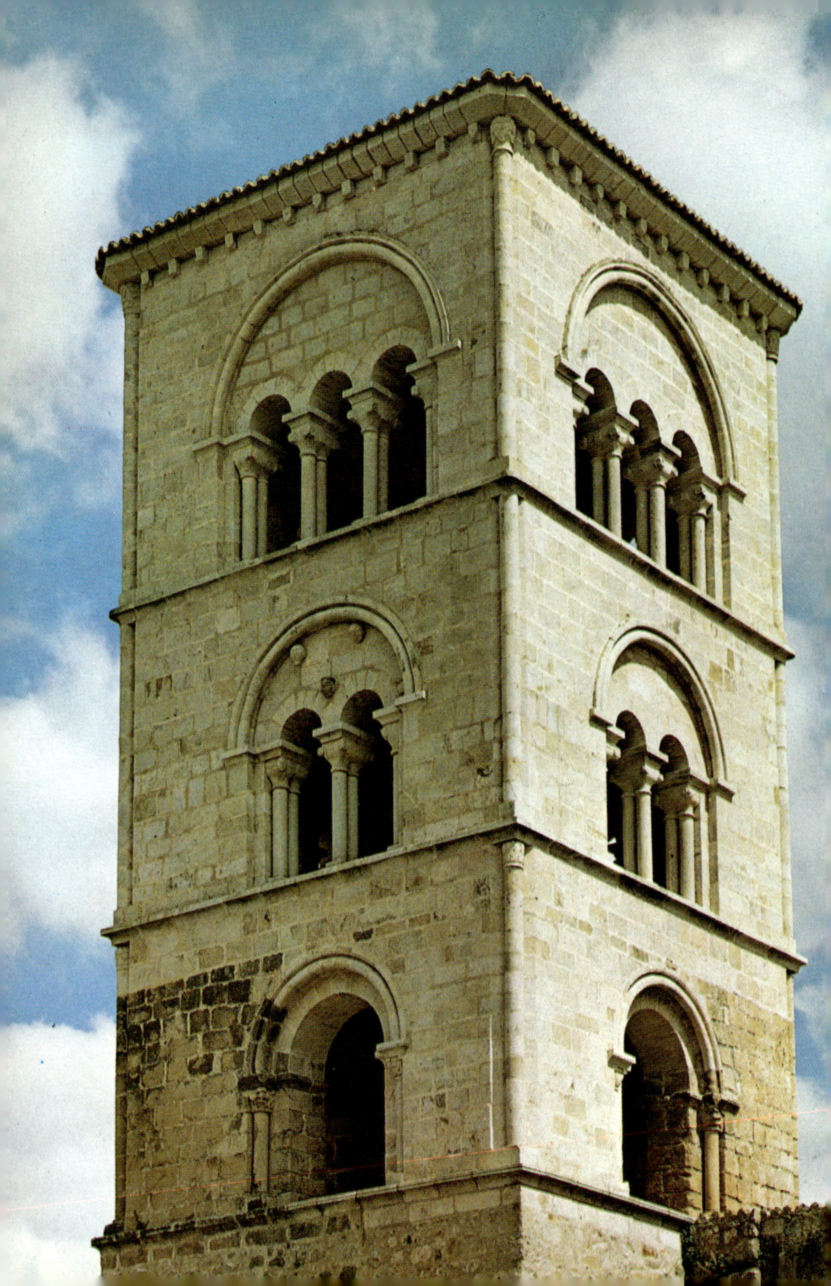

◀ *Santa María la Mayor. Torre románica.*

Santa María la Mayor. Detalle de la portada sur.

Santa María la Mayor. Interior hacia los pies del templo.

Santa María la Mayor. Tribuna del coro. ▶

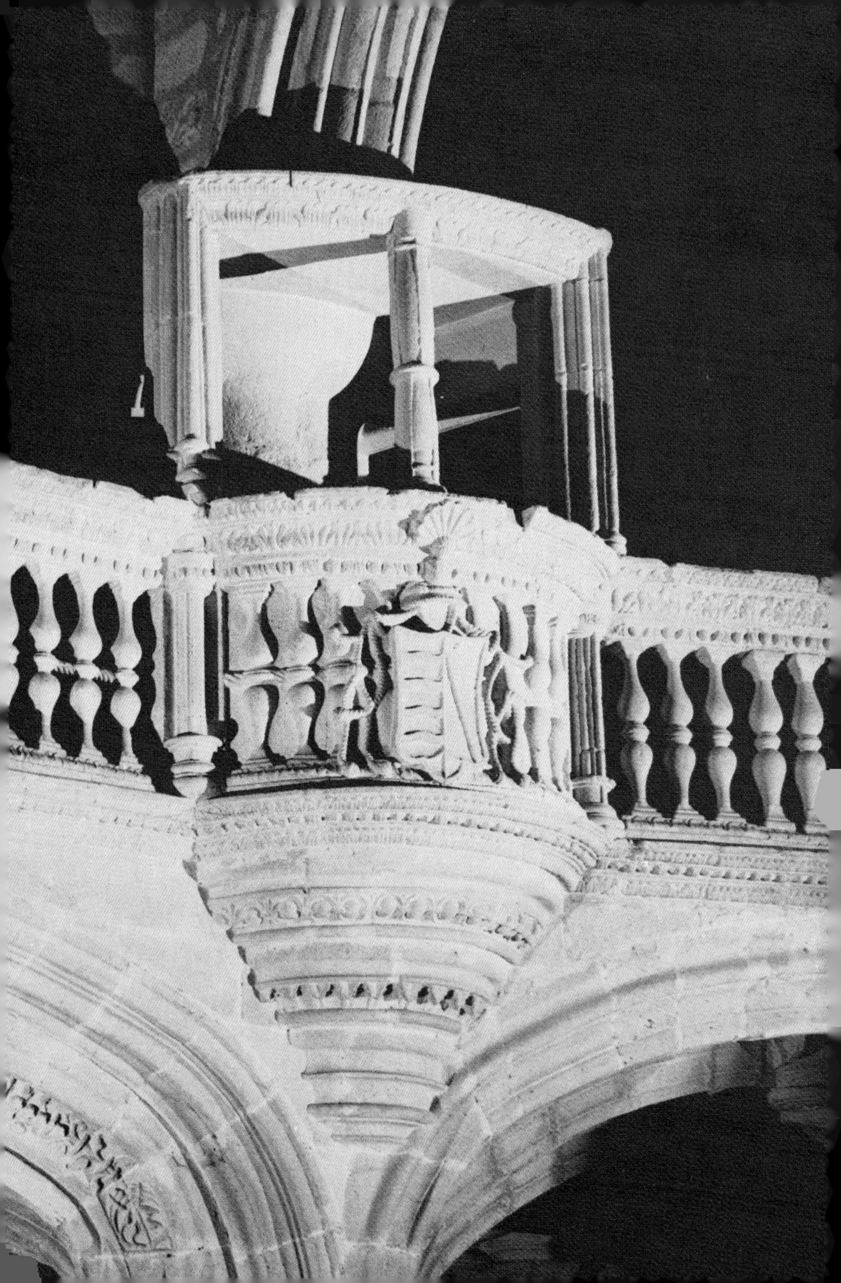

Santa María la Mayor. Capilla funeraria de los Vargas.

Santa María la Mayor. Epitafio del lucillo sepulcral de Diego García de Paredes, el «Hércules extremeño».

entre ambas la capilla funeraria de los Vargas.

Al exterior, destacan sus limpios paramentos de sillería entre contrafuertes poco resaltados.

La fachada de poniente aparece dividida por dos contrafuertes con ángulos achaflanados, a los que se adosan baquetones; entre ellos se abre la portada, que se perfila bajo arquivoltas apuntadas sobre columnillas e imposta decorada con simples molduras y estilizadas formas vegetales talladas a bisel; encima, un enorme rosetón de círculos tangentes. Una pequeña escalera a dos vertientes da acceso a la portada sur; ésta, enmarcada por un alfiz, muestra

63

también arquivoltas apuntadas y semicolumnillas, las impostas se decoran con cuadrúpedos enfrentados y muy estilizados.

La capilla mayor, poligonal, refuerza sus ángulos con gruesas semicolumnas, que son un recuerdo de las que articulaban los tambores de los ábsides románicos. Junto a ella se elevaba la primitiva torre de la iglesia; era una edificación prismática que debió construirse a finales del siglo XIII, siguiendo las tradicionales formas de las torres románicas castellanas. Se componía en alzados de basamento macizo y tres cuerpos de ventanaje de medio punto, que progresaba en número con la altura; sus gruesos muros de sillería presentaban ángulos achaflanados con semicolumnas adosadas. Esta torre comenzó a amenazar ruina tras el terremoto de 1521, agravándose con el de 1755. En el siglo pasado se derrumbaron dos de sus frentes y recientemente ha sido reconstruida, aunque de forma no muy adecuada.

En 1550 comenzaron las obras de la torre a los pies del templo, que pretendía sustituir a la ruinosa torre románica. Su prolongada construcción —se terminó en el siglo XVIII— estuvo a cargo de numerosos maestros; el primero de los cuales fue el maestro de cantería Francisco García, y a él se deberá la bóveda de crucería de la capilla bautismal, que se abre en el basamento de la torre.

En el interior, la iglesia presenta tres naves, la central ligeramente más alta que las laterales, separadas por pilares cruciformes con gruesas semicolumnas adosadas, cuyos capiteles se decoran con temas animados muy esquemáticos y tallados a bisel. Se cubren las naves con bóvedas de crucería estrellada, con terceletes, ligaduras, combados y pies de gallo, que fueron construidas hacia el segundo cuarto del siglo XVI para sustituir posiblemente a una estructura de madera.

La capilla mayor es de menor altura que las naves y se cubre con una bóveda radial

Santa María la Mayor. Retablo Mayor, obra del genial pintor salmantino Fernando Gallego. ▶

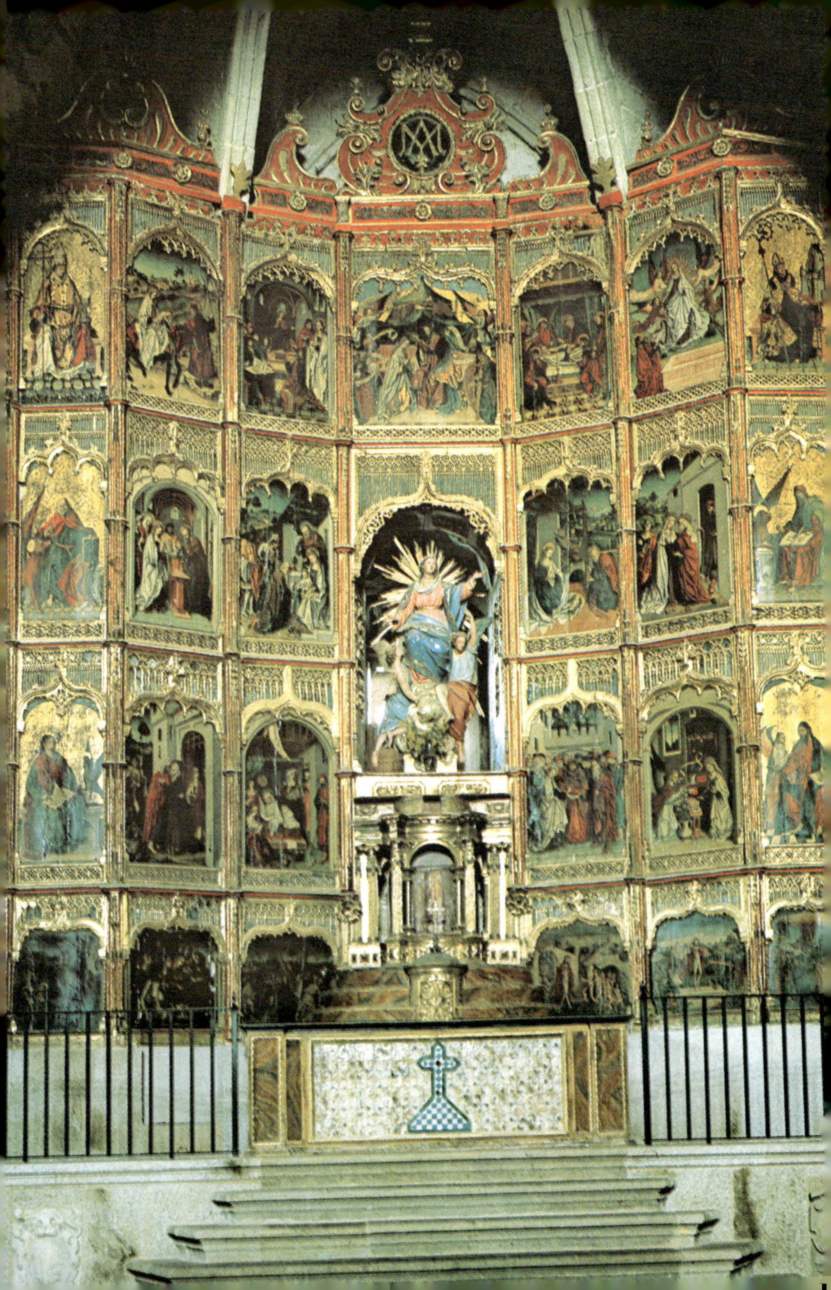

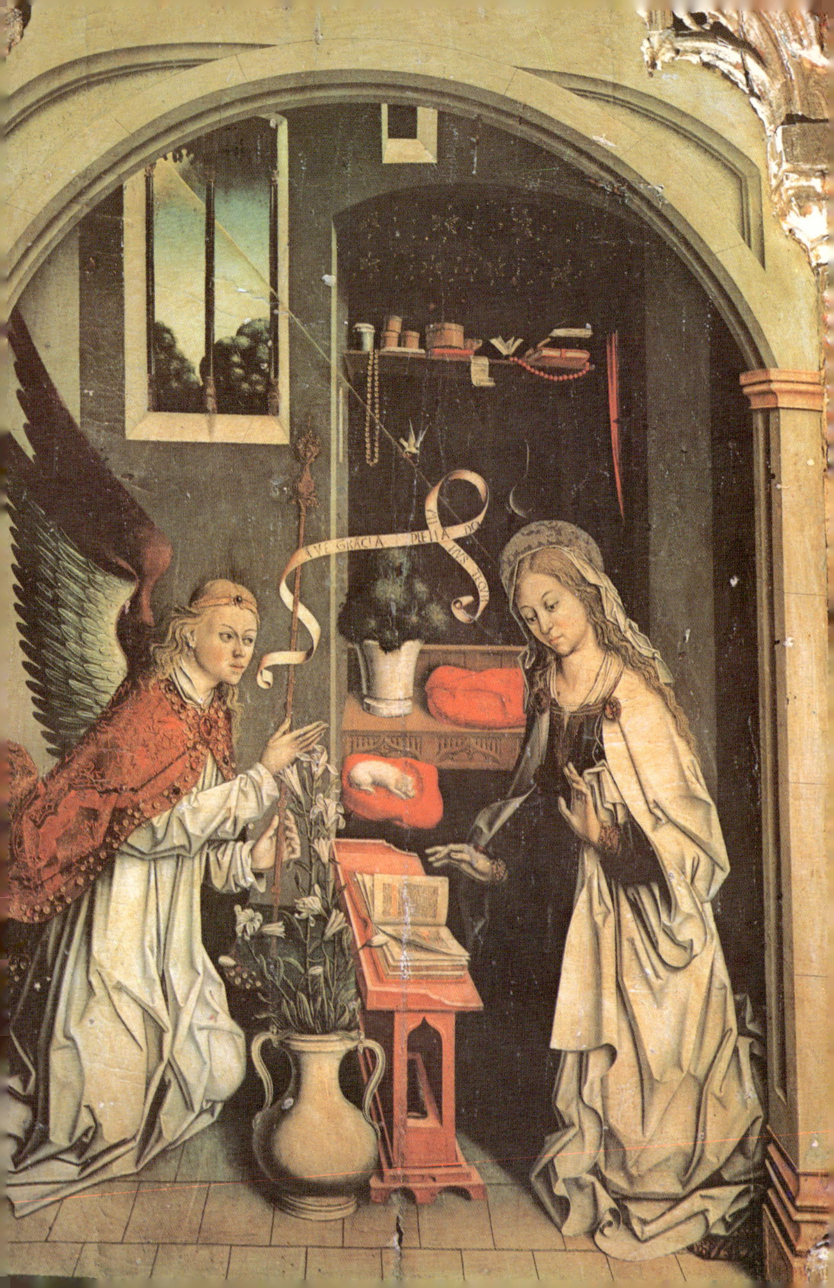
AVE GRACIA PLENA DOMINUS TECUM

Santa María la Mayor. Retablo Mayor. Detalle de la «Anunciación».

◀ *Santa María la Mayor. Retablo Mayor. «Anunciación».*

de nervios de corte recto.

El coro, que se eleva a los pies de las naves, es de gran interés. Se inició su construcción en el año 1550 y su realización estuvo a cargo del maestro de cantería Sancho de Cabrera. Este maestro, vecino de Trujillo, no sólo dejó obras importantes en la ciudad, sino también en otras poblaciones de la Diócesis de Plasencia; baste citar como ejemplo la terminación de la parroquial de Saucedilla, en el Campo Arañuelo. Se eleva este coro sobre bóvedas muy rebajadas de crucería estrellada; en las enjutas de los arcos perpiaños nacen dos bellas tribunas, provistas de dosel también de cantería, y decoradas con una balaustrada ciega, idéntica a la que cierra el resto del coro, en la que se encuentran las armas del obispo de Plasencia don Gutierre Vargas y Carvajal, bajo cuyo pontificado se realizaron las obras. Todo el coro se halla admirablemente moldurado y decorado con grutescos, palmetas y otros motivos del plateresco.

La iglesia de Santa María encierra, entre sus muros, gran cantidad de sepulcros, pertenecientes a los más importantes linajes trujillanos; entre ellos destacan los de Juan de Orellana, Sancho de Bonilleja y de su mujer, el de Luis de Carvajal y de su mujer Constanza de Hinojosa, y el de los Loaísa, con arco apuntado y hojas de cardo góticas. La capilla sepulcral de los Vargas, acabada en 1522, muestra dos bellos túmulos junto al arco de ingreso, decorados con bustos dentro de medallones y escudos con *puttis* como tenantes. Pero quizá el personaje más importante, sepultado en Santa María, sea Diego García de Paredes, conocido como el «Hércules extremeño» o el «Sansón español», cuyo arco sepulcral se encuentra junto a la puerta sur; en una lauda redactada en latín se nos habla de la gloriosa personalidad de este trujillano, que nació en 1466 y murió en Bolonia en 1530, después de combatir en Alemania como coronel del ejército de Carlos V. De él se

Santa María la Mayor. Retablo Mayor. «Presentación en el Templo» y «Adoración de los Reyes».

cuentan innumerables leyendas en las que se nos narran la gran fuerza física y el gran valor que animaban a este personaje, padre del fundador de la ciudad de Trujillo de Venezuela, y a cuya tumba trajo su hijo las insignias y banderas de sus triunfos en América.

Pero la joya más importante que atesora esta iglesia es el retablo mayor, precioso conjunto de tablas, fechables hacia 1480, debidas al pincel del genial pintor salmantino Fernando Gallego, máximo representante, junto con Pedro Berruguete, de la pintura castellana del siglo XV. Se compone de veinticinco tablas, de las cuales diecinueve son de mano del propio Gallego, y las otras seis restantes

Santa María la Mayor. Predela del Retablo Mayor. «Descenso al Limbo», obra de Francisco Gallego, discípulo y pariente del maestro.

Santa María la Mayor. Capilla y retablo de los Santos Juanes.

de la predela, cinco son del ayudante y pariente del maestro Francisco Gallego y una posterior del siglo XVI. Fue dorado el retablo en 1558, y vuelto a dorar en el siglo XVIII, momento en el que se alteró el orden de las tablas, desapareciendo tres para dejar espacio a la hornacina central, que comunica con el camarín construido por el marqués de Sofraga; también en esta ocasión se añadió el insípido remate rococó que lo corona actualmente.

Este magnífico retablo de Santa María —señala Gaya Nuño— se halla dentro de la época de plenitud, en su fase más naturalista, de Fernando Gallego y es cabeza de serie de otros dos famosos polípticos: el de la catedral de Ciudad Rodrigo y el de San Lorenzo, en Toro.

De gran interés son también dos tablas que representan a los Santos Juanes, debidas a un pintor manierista del círculo del extremeño Luis de Morales; se hallan en la hornacina frontal de la nave del evangelio.

PARROQUIALES DE LA VILLA

Las iglesias de Santiago y de la Vera Cruz se comenzaron a edificar, como la de

Iglesia de Santiago. Detalle de la Capilla Mayor.

Santa María, a raíz de la reconquista para atender a las necesidades del culto de los nuevos pobladores.

La de Santiago se halla situada junto al arco de la muralla de su mismo nombre, y se comenzó en el siglo XIII, aunque sólo en parte de su planta coincide actualmente con la estructura original. Su ábside semicircular es pro-

Iglesia de Santiago. Capilla funeraria de Diego Alonso de Tapia y de su mujer María de Loaísa.

ducto de reconstrucción y se cubre con una bóveda de crucería estrellada del siglo XVI; de este siglo es también la estrecha capilla funeraria de Diego Alonso de Tapia y de su mujer María de Loaísa, que se abre a la nave norte. El cuerpo de la iglesia, de tres naves, fue transformado en el siglo XVII. Son de gran interés los sepulcros que flanquean el retablo mayor, obra del maestro de cantería García Carrasco; el sepulcro del lado de la epístola se remata con el escudo de la familia García de Paredes —el águila bicéfala de alas exployadas que lo sostiene es honor otorgado por Carlos V al «Hércules extremeño»—. En la misma iglesia de Santiago se conserva también una imagen de la Virgen de la Coronada, obra de finales del siglo XIII o comienzos del XIV, y otra del Cristo de las Aguas, del siglo XVI.

La iglesia de la Vera Cruz se eleva junto a la puerta de Triunfo, y también era original del siglo XIII; de ella sólo restan parte de los muros de cerramiento y algún arco o portada. Su ábside es poligonal y en él se conserva la estatua orante, labrada en granito, de Hernando Pizarro, hermano del conquistador del Perú y constructor del Palacio de la Conquista. Fue trasladada a este lugar desde la iglesia del convento de San Francisco donde se halla sepultado.

La iglesia de San Andrés, junto a la puerta de su nombre, parece fundación del siglo XV. Actualmente se halla sin culto y la fábrica bastante maltratada. En su torre se conserva incrustada un ara romana.

EXTRAMUROS: LA PLAZA MAYOR

La Plaza Mayor de Trujillo es, sin lugar a dudas, el espacio urbano que mejor manifiesta la gloriosa historia de la ciudad. Descendamos por la puerta de Santiago y adentrémonos al lugar que, en otro tiempo, fue zona de arrabales y desde fines del siglo XV se

La Plaza Mayor, vista desde el castillo. ▶

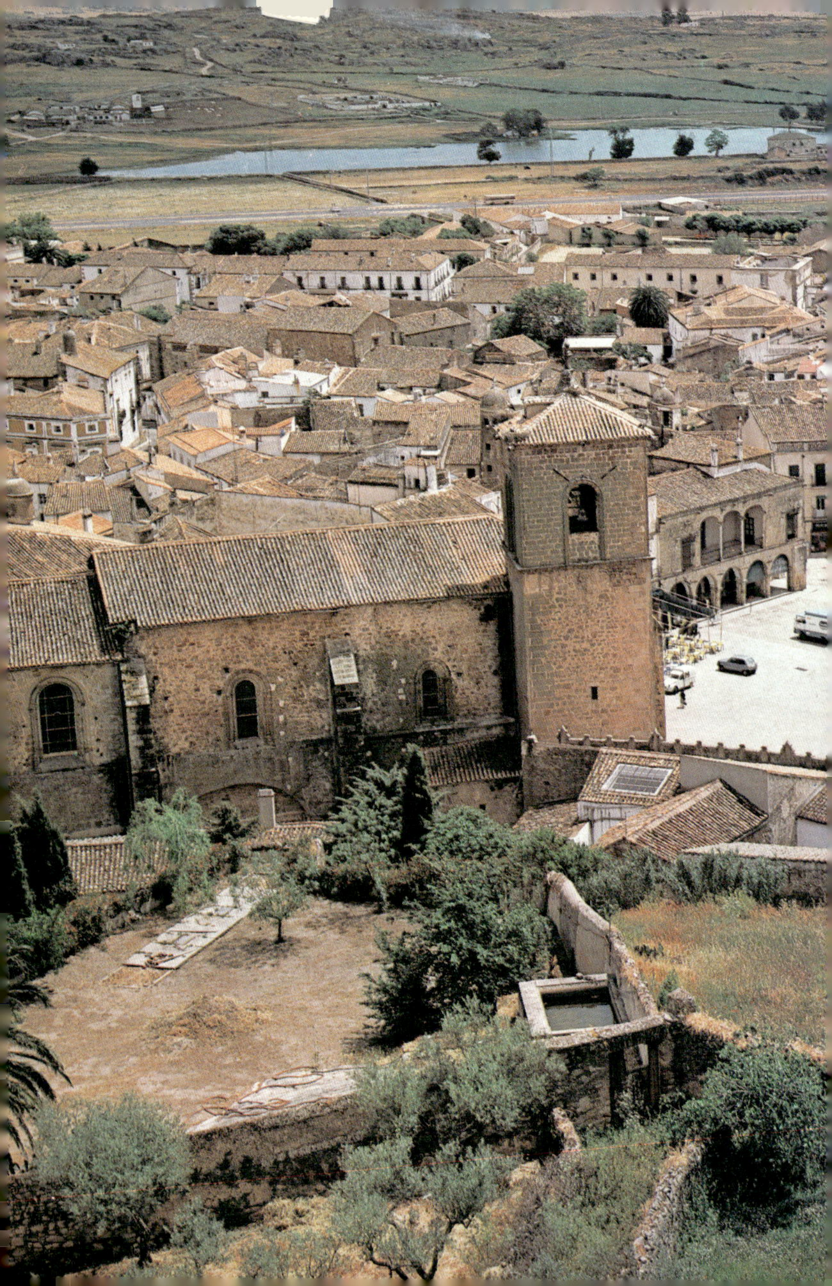

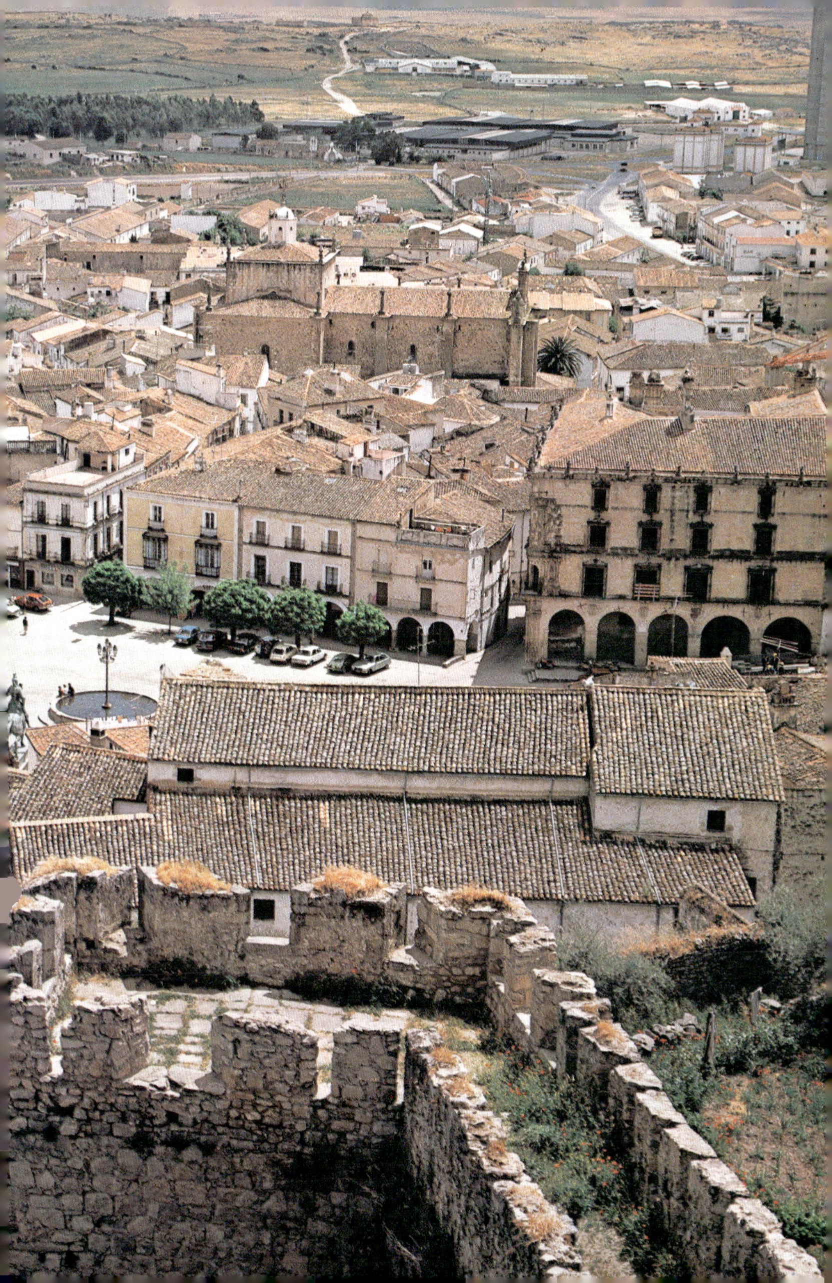

La Plaza Mayor. Fachada de la iglesia de San Martín, monumento a Pizarro y palacio de los Duques de San Carlos.

fue convirtiendo en el nuevo centro urbano.

Es en esencia una plaza irregular rodeada de soportales que tiene su origen, como otras castellanas o extremeñas, en el tradicional lugar de mercado. Como tal, sus soportales recibían los nombres de los productos que en ellos se comerciaban, así se conocían como portal del pan, de la verdura, de la carne o carnicerías, del paño o del lienzo. Fue también escenario de juegos de cañas, toros, ceremoniales y procesiones, autos sacramentales y concejos abiertos a son de campana.

Cerrando este amplio espacio destacan las elegantes casas y palacios de La Conquista, Consistoriales, del Peso Real, Orellana, Var-

78 *La Plaza Mayor. Monumento ecuestre a Francisco Pizarro, obra del escultor norteamericano Carlos Rumsey.*

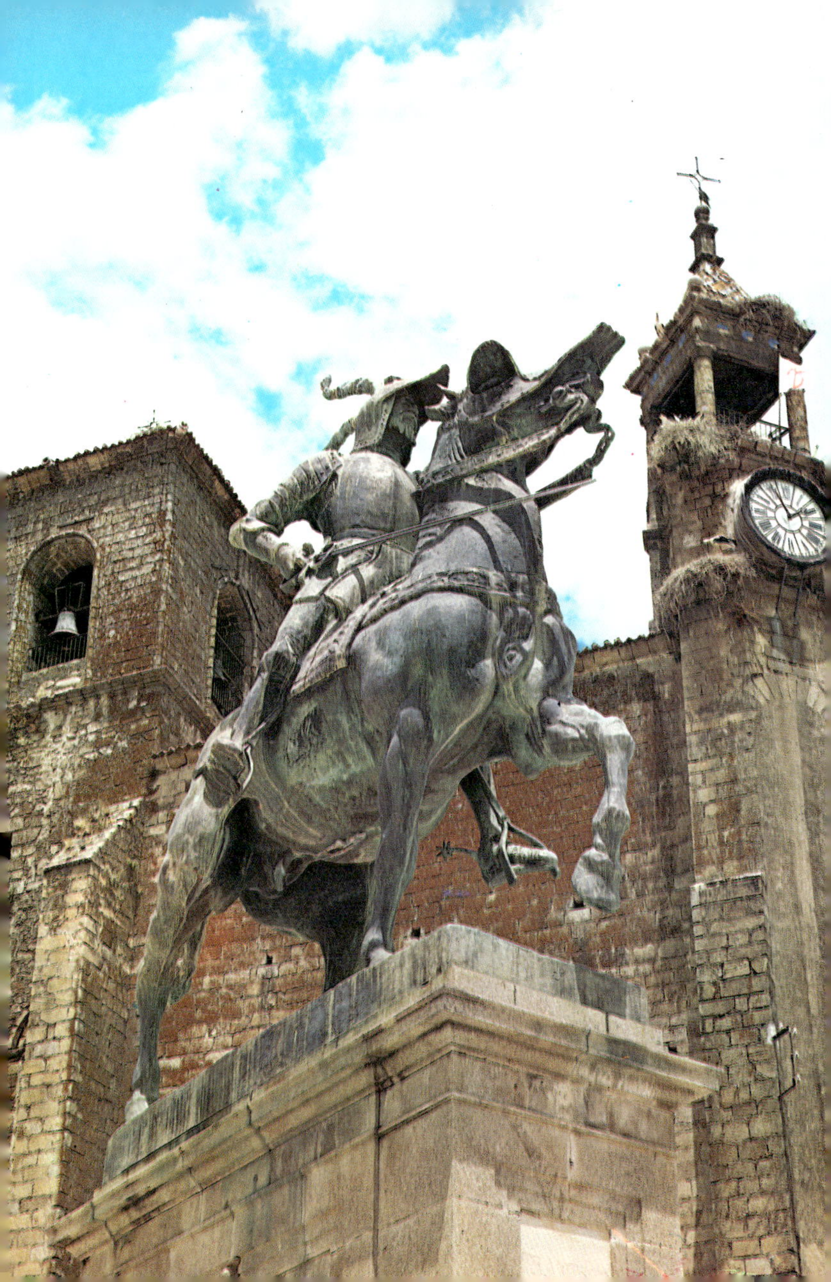

Detalle de la Plaza Mayor. Al fondo, el castillo.

gas-Carvajal y Piedras-Albas, que son claros exponentes de cómo corría el oro y la plata tras la conquista y colonización de América; en contraste, las sencillas casas blancas, que apean sobre arcos de medio punto y gruesas columnas, dan un tono popular al ambiente. Y como fondo, las altas torres de Santa María, Santiago, las desmochadas de los Chaves, el mirador de las Jerónimas, el castillo y la parroquial de San Martín.

El irracionalismo urbanístico español, de profunda raigambre medieval, ha dejado una de sus mejores muestras en este soberbio complejo espacial que es la Plaza Mayor trujillana. En ella, esa irregularidad en la disposición volumétrica y el progresivo escalonamiento de planos arquitectónicos encuentra su foco dinámico en el monumento ecuestre al Conquistador del Perú, obra del escultor norteamericano Carlos Rumsey, que lo donó a Trujillo, al igual que su gemelo a la ciudad de Lima. Su descentrada situación dentro del recinto acentúa aún más esa acogedora y atractiva irracionalidad, y al mismo tiempo es creadora de nuevos focos o efectos visuales.

Los tonos dorados, que la pátina del tiempo ha dejado sobre las piedras de la iglesia de San Martín y del palacio de los duques de San Carlos, contrastan fuertemente con las tonalidades verdosas del bronce oxidado de esta magistral estructura, en la que podemos apreciar todo el orgullo y el apasionamiento de esa legendaria raza de conquistadores extremeños.

EXTRAMUROS: PALACIOS Y CASAS SEÑORIALES

Numerosos e interesantes son los palacios y casas señoriales repartidos entre la Plaza Mayor, calles y plazuelas que forman la estructura urbana de La Ciudad o extramuros de Trujillo. Suelen ser grandes y bien construidas mansiones de los siglos XVI al XVIII, y solamente dos, Pizarro de Orellana y Chaves Orellana, muestran restos de anteriores estructuras defensivas; las demás fueron construidas «ex profeso» para residencia de las más importantes y adineradas familias. El lujo y la calidad de estos edificios indica el deseo de boato y esplendor que animaba a sus moradores, en su mayoría enriquecidos tras la conquista del continente americano.

En el lado norte de la Plaza Mayor se conserva uno de los más viejos edificios, la «Torre del Alfiler», que forma parte de la llamada «Casa de la Cadena»; pertenecía origi-

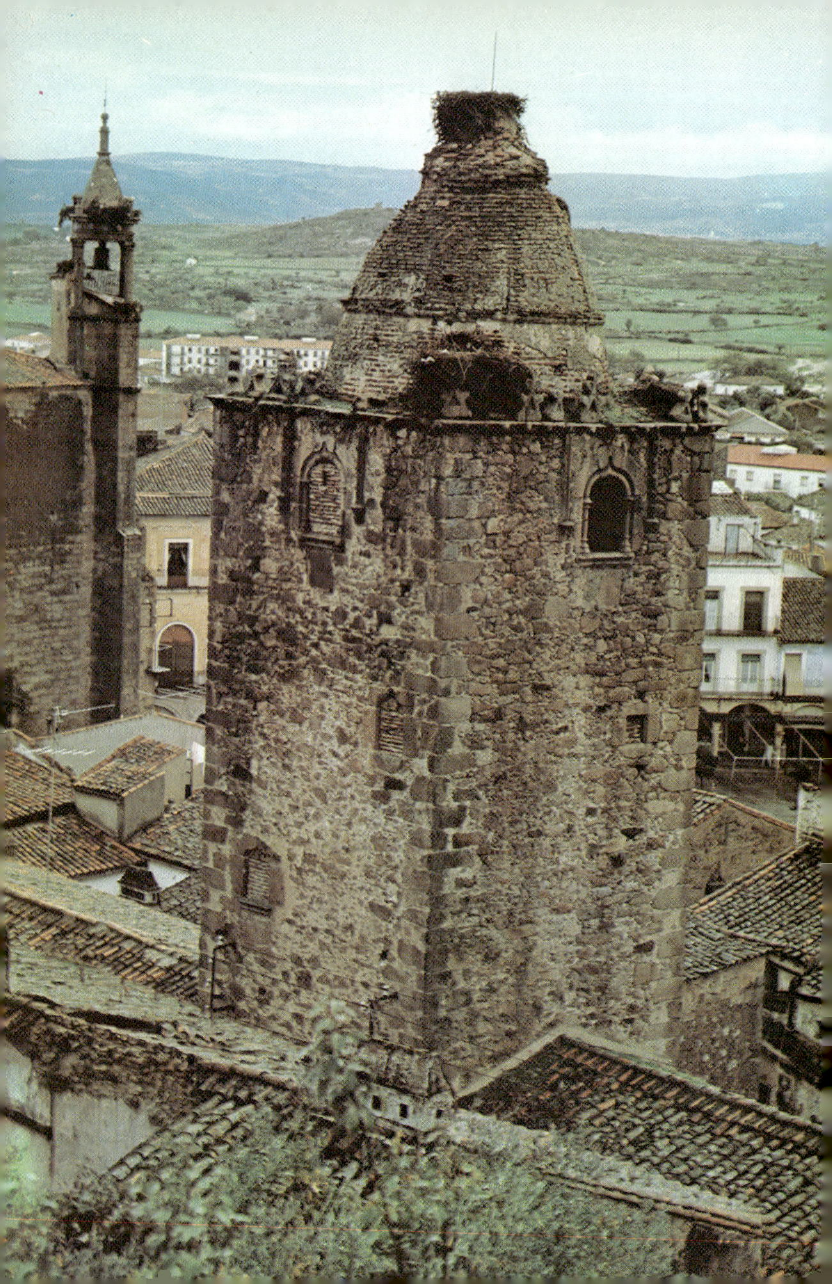

Portada de la casa de los Chaves-Cárdenas.

◀ *La torre del Alfiler.*

nalmente a la casa fuerte de los Chaves Orellana y fue construida para Juan de Chaves a finales del siglo XV. Es una sencilla torre cuadrada de mampostería y sillares en los ángulos. Las ventanas góticas se distribuyen irregularmente y van enmarcadas en arrabá o alfiz, que como la cornisa se decora con bolas; se remata con una sencilla crestería gótica y una cúpula de ladrillo ornada con un gran escudo de los Chaves Orellana en cerámica vidriada. La fachada de la casa fue remodelada en el siglo pasado, aunque se conservaron los escudos de la anterior; el nombre le viene de la cadena que cuelga de su puerta, símbolo de que en esta mansión pernoctó Felipe II en 1583.

La casa señorial de los Chaves Cárdenas, en el lado oeste, es también conocida como «Casa del Peso Real» y fue construida dentro del primer cuarto del siglo XVI; de esta época es su fachada de sillería con ventanas góticas y la espléndida portada flanqueada por columnas torsas, rematadas en pináculos, y que tanto recuerdan el gótico Manuelino portugués. La casa fue reformada en el siglo XVII, y es cuando se añadió la parte de mampostería de la fachada y se abrieron los balcones que descansan sobre gruesas ménsulas decoradas con acantos.

Lindando están las antiguas Casas Consistoriales, de la primera mitad del siglo XVI; su fachada es porticada con dos galerías superiores abiertas bajo arcos rebajados. En 1585, fueron reestructurados los interiores; la obra estuvo a cargo de los maestros vecinos de Plasencia, Juan de Vargas y Francisco Sánchez. En la capilla alta trabajó el maestro de cantería García Carrasco, y fue decorada cn 1586 por un anónimo pintor de Cáceres con unas espléndidas pinturas manieristas que representan el juicio de Salomón, Mucio Scévola, Quinto Curcio, Guzmán el Bueno y las Virtudes Cardinales; todos, temas alusivos al buen gobierno, al valor y a las virtudes que deben estar presentes

Antiguas Casas Consistoriales. Capilla del Concejo. Tabla de la «Asunción de la Virgen» y altar de azulejos talaveranos. ▶

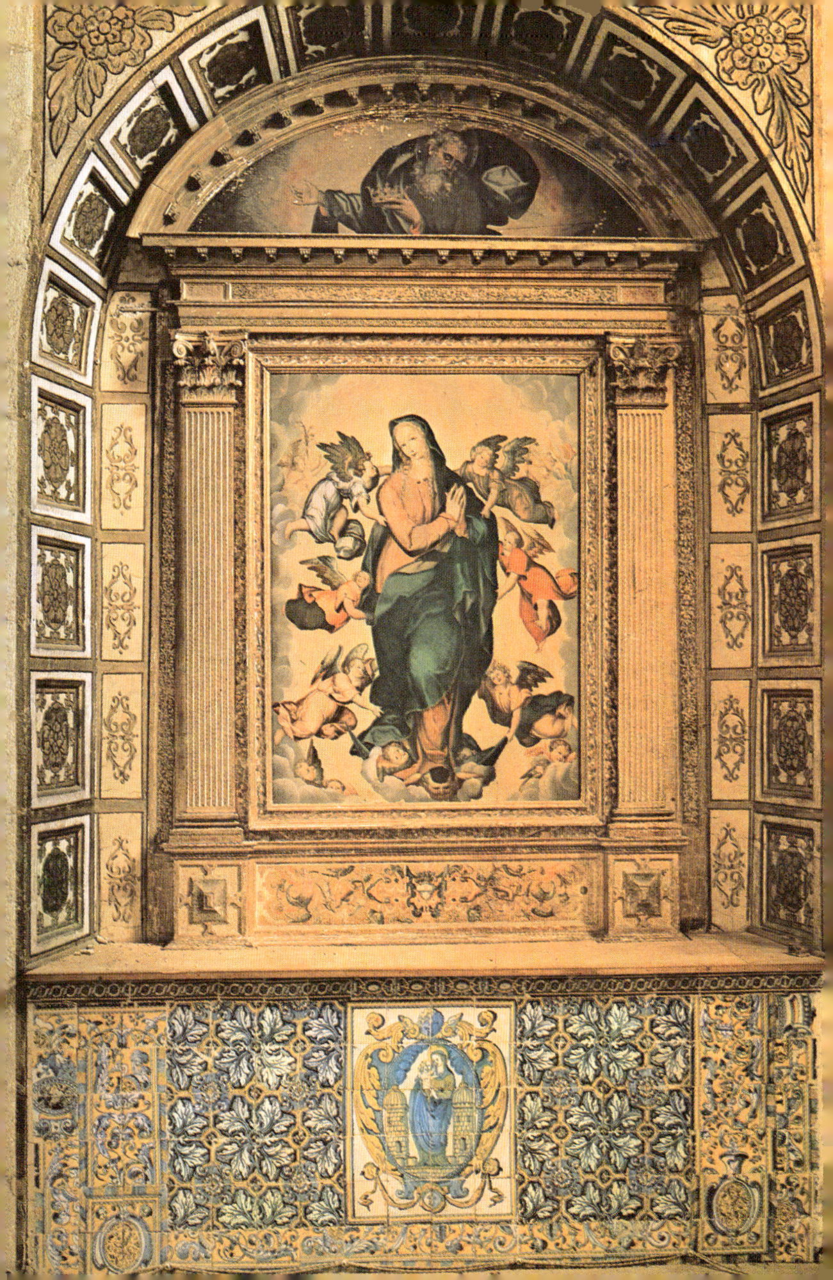

en los representantes de la administración. Se cubre la capilla con dos bóvedas vaídas, decoradas con casetones fingidos y ecuadores y pechinas falsos, adornadas estas últimas con escudos. La función religiosa de la estancia se resalta con un pequeño altar, con frontal de azulejos talaveranos y una magnífica tabla, que representa la Asunción de la Virgen, pintada hacia 1586 por Pedro Mata, pintor manierista que ha sabido conjugar las influencias de la pintura italiana a través de las enseñanzas de pintores españoles.

Formando esquina con la calle de las Carnicerías, se levanta el Palacio del Marqués de la Conquista, comenzado hacia 1565 para Hernando Pizarro, hermano y heredero del Conquistador. Cuenta con tres pisos de ventanas bien guarnecidas y con ricas rejas de forja, y uno bajo de arquerías sobre gruesos pilares. La exuberancia decorativa, que responde a un plateresco re-

Antiguas Casas Consistoriales. Capilla del Concejo. Guzmán el Bueno.

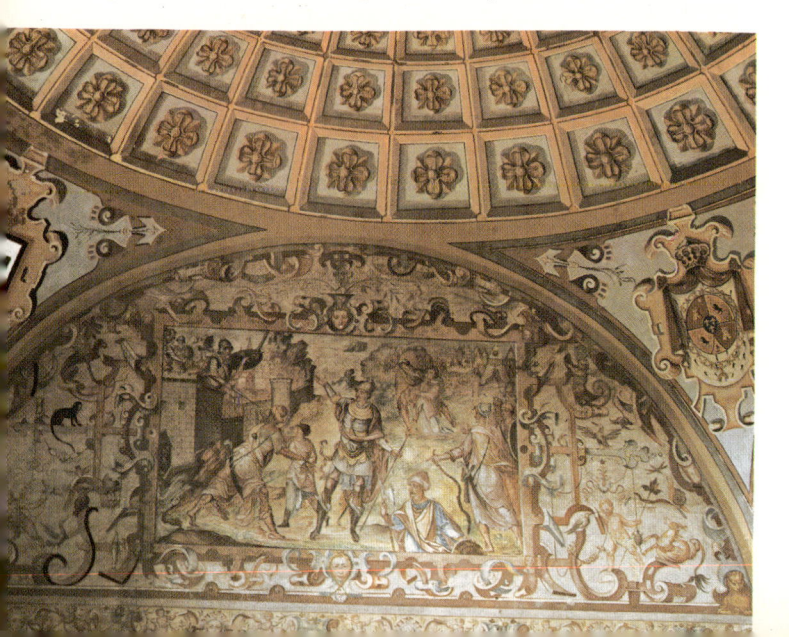

Antiguas Casas Consistoriales. Capilla del Concejo. Mucio Scevola.

tardatario, se reserva para el gran balcón en ángulo y la gruesa y moldurada cornisa que se remata con estatuas alusivas a los doce meses del año.

Las obras de este palacio sufrieron importantes retrasos a causa del mal estado en que se encontraban las carnicerías municipales, situadas en los bajos laterales del edificio; en 1579, y tras ganar el pleito al consistorio, se reanudaron las obras, que debieron rematarse hacia la novena década del siglo. Más tarde, y concretamente en 1734, se realizaron importantes reparos que estuvieron a cargo de Manuel de Larra Churriguera, sobrino y discípulo de Alberto de Churriguera, el gran arquitecto del Barroco salmantino. Su intervención se materializó en el apuntalamiento de los muros y arcos del palacio, bastante resentidos por el gran peso que los sillares de granito ejercían sobre los arcos de las

87

carnicerías; de esta época son las grapas de hierro que existen en las fachadas.

En el lado este de la plaza queda el Palacio de los Marqueses de Piedras-Albas, en el llamado «Portal del Pan». Es una sencilla casa señorial del siglo XVI, con soportales y bella logia bajo arcos escarzanos, que descansan en columnas de fuste monolítico; a los lados, ventanas con típicas rejas y escudos de los Suárez de Toledo y Orellana. Se remata en una pequeña crestería ciega de líneas gotizantes.

Junto a la iglesia de San Martín, se encuentra el palacio de los Vargas-Carvajal, duques de San Carlos; su importante y rectangular fábrica de sillería granítica está dividida en tres cuerpos por medio de impostas. En la calle lateral se abre un elegante y estilizado pórtico bajo tres arcos de medio punto, sobre altas columnas; encima, una bella logia abierta, en la que sus gruesos dinteles apean en pilares rectangulares, con frentes cajeados, y gruesas zapatas dobles; en la esquina, un balcón en ángulo; tanto éste como el del palacio de la Conquista los trataremos en el apartado siguiente. La portada del palacio ocupa dos cuerpos y en ella se concentra la decoración a base de medallones con bustos, blasones y grutescos. El último cuerpo, horadado por numerosos vanos rectangulares muy moldurados, actúa a modo de galería o logia cerrada y se remata en una gruesa y volada cornisa.

Debió comenzarse a construir a fines del segundo tercio del siglo XVI, opinión que basamos en las afinidades decorativas con el palacio de La Conquista, aunque los interiores no fueron rematados hasta pasada la primera mitad del siglo XVII y hemos de señalar que no se llegó a concluir el proyecto inicial, prueba de ello son las adarajas que existen al final de la fachada, frente al ábside de San Martín.

Un hermoso patio cuadrado de elegantes y clasicistas lí-

Palacio del marqués de la Conquista. Balcón en ángulo. ▶

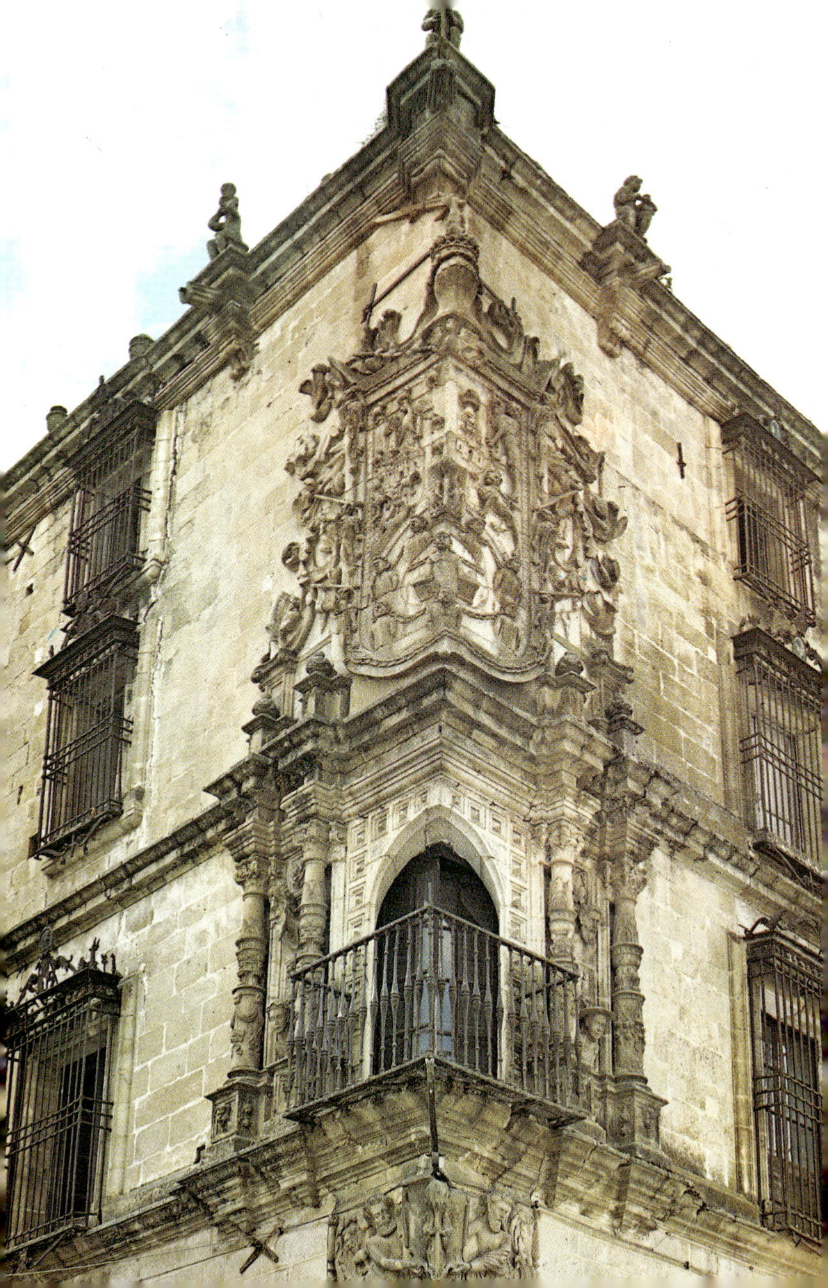

Palacio del marqués de la Conquista. Detalle.

Palacio de Piedras Albas.

neas existe en el centro del palacio. Lo forman galerías de arcos ligeramente rebajados sobre columnas toscanas de fuste monolítico; en el piso alto se duplican los vanos y se remata en un grueso entablamento con friso de triglifos y rosetas. Desde aquí se puede admirar la interesante serie de grandes chimeneas de ladrillo, de diferentes formas y labores, que coronan la mansión. En 1651 se concluyó la gran escalera de cuatro tramos que discurre dentro de un espacio

Detalle del palacio de Piedras Albas.

Palacio de los Vargas Carvajal, duques de San Carlos. ▶

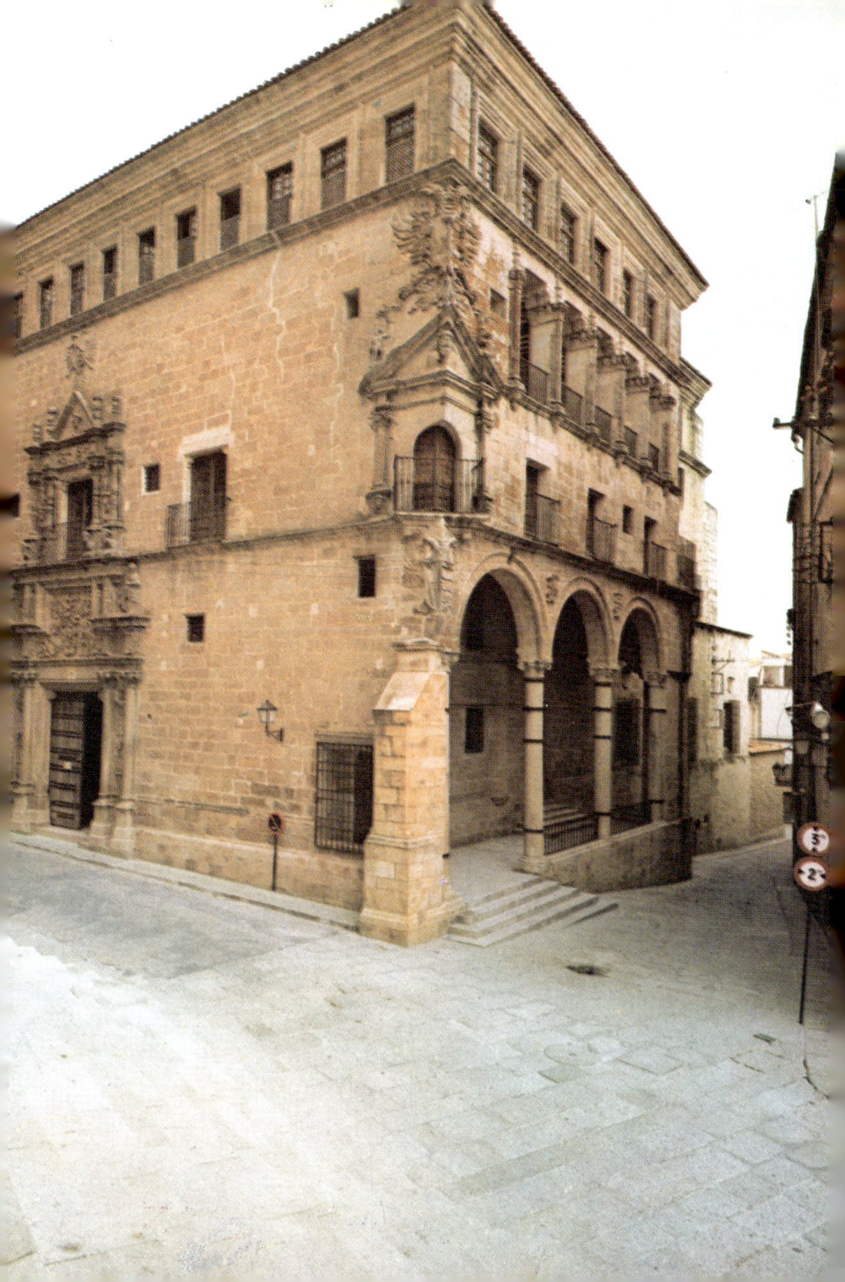

prismático, cubierto con una bóveda de aristas de ladrillo ornada con un escudo gigante de los Vargas-Carvajal; su autor es el maestro de cantería A. de Mera, vecino de Villanueva de la Serena.

En el costado norte de la iglesia de San Martín nace la calle de Ballesteros, en la que se levanta el palacio de los marqueses de Santa Marta, enorme mansión señorial del tercer cuarto del siglo XVI. Su regia fachada de sillería se divide también por impostas, y la portada es flanqueada por dos columnas que reciben ménsulas de pie, que, junto con el grueso dintel, son elementos típicos del renacimiento toledano. Estos gruesos dinteles y ménsulas de pie los encontramos también en los anteriores palacios de Piedras-Albas y de San Carlos, y en el que después veremos de Juan Pizarro de Orellana. Un agudo frontón con acróteras cabalga sobre ellas.

En la cuesta de la Sangre, que parte de la Plaza Mayor, está la casa de los Orellana, del siglo XVI, con fachada de sillería y pórtico de cinco vanos de medio punto sobre gruesos pilares con baquetones en los ángulos; en las enjutas, los blasones de Orellana, Chaves, etc.

El palacio Pizarro de Orellana está enclavado entre la Plaza Mayor y las murallas de La Villa, pudiendo llegar a él a través del «Cañón de la Cárcel», que existe bajo las antiguas Casas Consistoriales. Fue construido a expensas de don Juan Pizarro de Orellana, primer corregidor de la ciudad de Cuzco, en el tercer cuarto del siglo XVI por el maestro de cantería Alonso Becerra, que trabajó posteriormente en el palacio arzobispal de Lima. En él se aprovechan dos torres desmochadas, que pertenecieron a una anterior casa fuerte, abriéndose entre ellas la portada con grueso dintel, columnas y ménsulas de pie, que remata en agudo frontón; todo ello cobijado por un gran arco hornacina, contrarrestado por las dos torres. Encima discurre una galería o logia adintelada, sobre columnas con za-

Palacio de los duques de San Carlos. Portada.

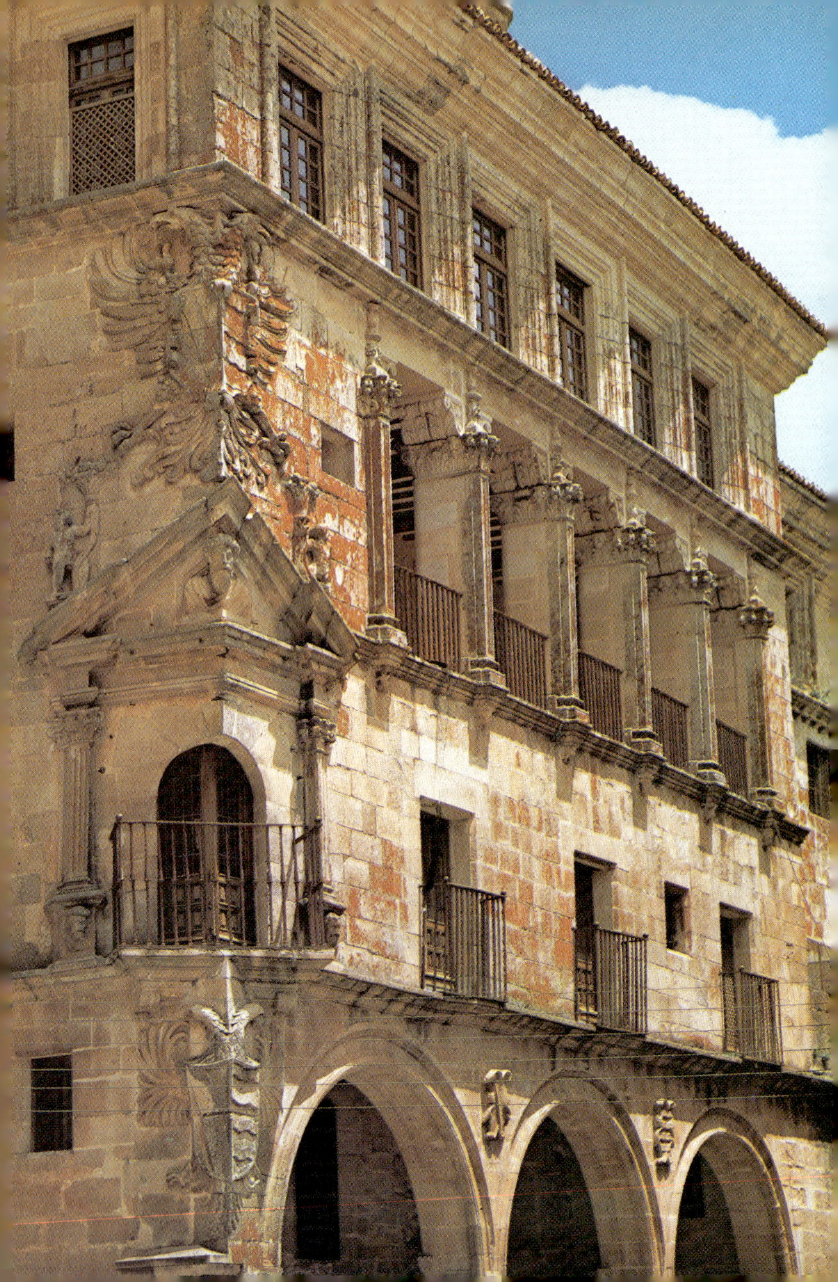

Palacio de los duques de San Carlos. Patio.

patas; la balaustrada que la cierra lleva escudos de los Pizarro y de los Orellana, dentro de cartelas con *puttis* tenantes. Interiormente muestra un bello patio, con galería alta adintelada sobre enormes zapatas; en la balaustrada se repite el mismo esquema de escudos y *puttis*. Toda la decoración es renacentista, dentro de las formas del Purismo o segunda fase del estilo Plateresco.

Palacio de los duques de San Carlos. Detalle de la fachada y balcón en ángulo.

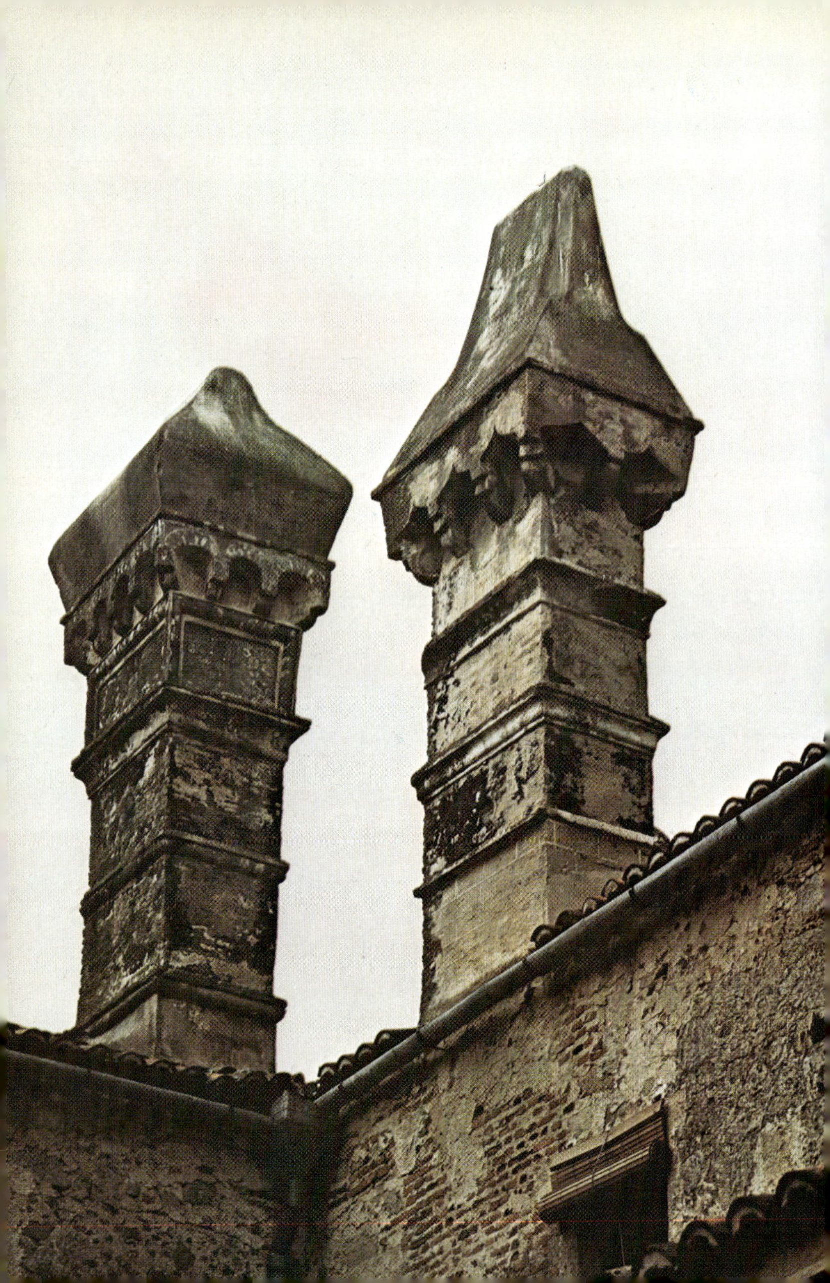

◀ *Palacio de los duques de San Carlos. Chimeneas.*

Portada del palacio de los marqueses de Santa Marta.

BALCONES EN ÁNGULO

La presencia de balcones en ángulo quizá sea la característica más importante y original de la arquitectura civil trujillana; y será Trujillo uno de los focos de difusión de este anticlásico vano, que tan profundamente arraigó en la Alta Extremadura. Paloma del Hoyo apunta que estos vanos angulares son de carácter plenamente hispánico y su utilización responde a una finalidad emblemática; el hecho de aparecer únicamente en palacios y casas solariegas y señoriales urbanos responde a esa pretensión arquitectónica y decorativa que animaba el presuntuoso sentir de la nobleza. Esta, que había perdido el poder político y militar de épocas anteriores, necesitaba manifestar que todavía poseía cierta superioridad; así, señala, se abandona el sentir estético para asumir una función simbólica, por ello se relacionan estrechamente balcón y escudo, que adoptan la disposición de la esquina, logrando el fin propuesto: deslumbrar por el esplendor.

Los nobles enriquecidos, como conquistadores, colonizadores o desempeñando cargos públicos en el continente americano, volvieron orgullosos a Trujillo; y ese orgullo se manifestó en sus mansiones, enormes edificaciones residenciales construidas con rica sillería granítica, en cuyas fachadas se abren grandes y decoradas portadas, logias y ventanas, desmesurados escudos y esos pintorescos balcones en ángulo, que parecen poner a prueba la estabilidad del edificio.

El vano en ángulo más antiguo, que se conserva en Trujillo, se encuentra en la casa de los Quiroga, cercana al convento de Santa Clara, y puede ser fechado en el primer cuarto del siglo XVI. Es una sencilla ventana que se adapta a la esquina, al igual que el alfiz con ménsulas góticas que la enmarca y el escudo con laurea del alféizar.

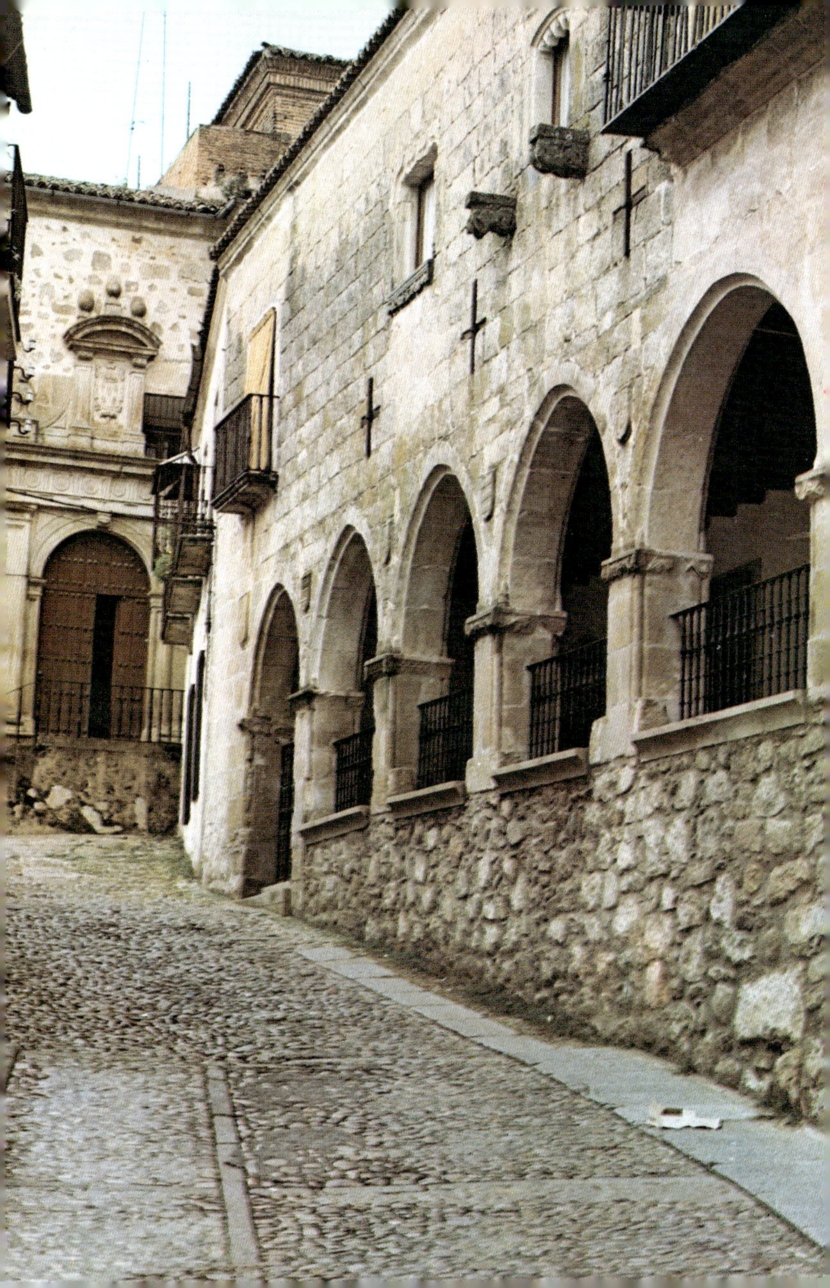

Patio de la casa de los Pizarro de Orellana.

Balcón en ángulo de la casa de Quiroga. ▶

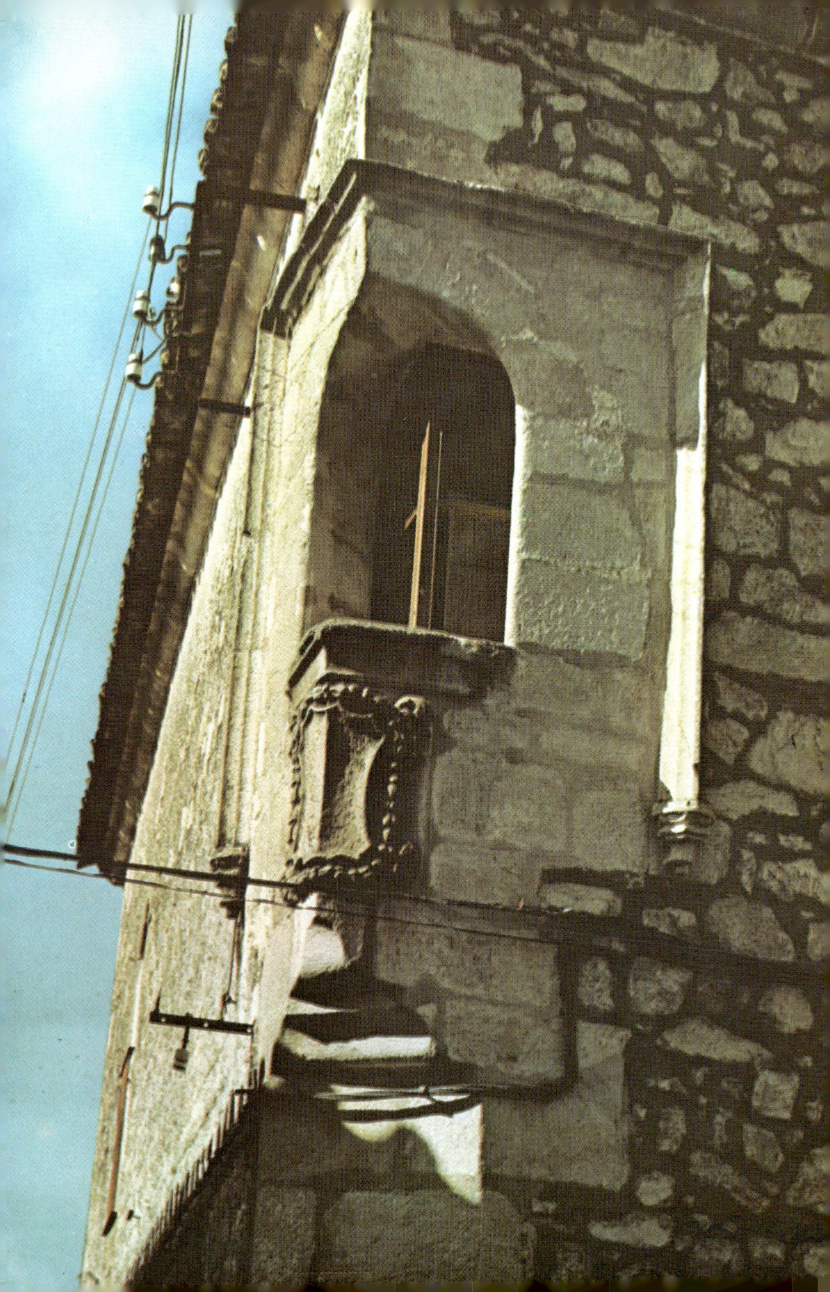

De mayor riqueza y complicación estructural son los dos balcones en ángulo de la Plaza Mayor. El de los marqueses de la Conquista descansa en una elegante pilastra, rematada por un escudo de los Pizarro, con tenantes agrutescados; el vano, que muestra enjutas y jambas casetonadas, es flanqueado por dos pares de columnas abalaustradas y ornadas con acantos y guirnaldas; en los intercolumnios aparecen los bustos de Francisco Pizarro, Inés Yupanqui Huaynas, Hernando Pizarro y Francisca Pizarro Yupanqui. Se corona con un gran escudo angular de los marqueses de la Conquista, que estudiaremos en el apartado de heráldica.

El balcón angular del palacio de los duques de San Carlos es menos abarrocado que el anterior; lo flanquean un par de pilastras acanaladas sobre plintos con bustos, y se remata en sencillo entablamento y agudo frontón retranqueados. En el tímpano un saliente busto de hombre tocado con turbante musulmán y, como acróteras *puttis* con cuernos de la abundancia; sobre y bajo esta estructura dos hermosos escudos de los Vargas-Carvajal sobre el pecho del águila imperial.

Del tercer cuarto del siglo XVI son los vanos angulares de la, ya anteriormente citada, casa solariega de los Chaves Calderón, en La Villa; es el único caso que encontramos en Trujillo de asociación de portada y balcón en ángulo. La portada se protege con alfiz y el balcón es enmarcado por dos columnas de fuste monolítico, sobre las que apean entablamento y frontón retranqueados, el tímpano muestra el escudo de la alianza; se corona el conjunto con balaustres por acróteras.

Dos sencillos e idénticos balcones en ángulo luce el palacio Pizarro de Aragón, inmensa mansión de sillería que fue construida en la primera década de siglo XVII. Ambos se protegen con chambrana y se ornan con un mascarón del que pende un abultado escudo de los Pizarro, sobre cueros recortados y que no adop-

Balcón en ángulo del Palacio del marqués de Sofraga.

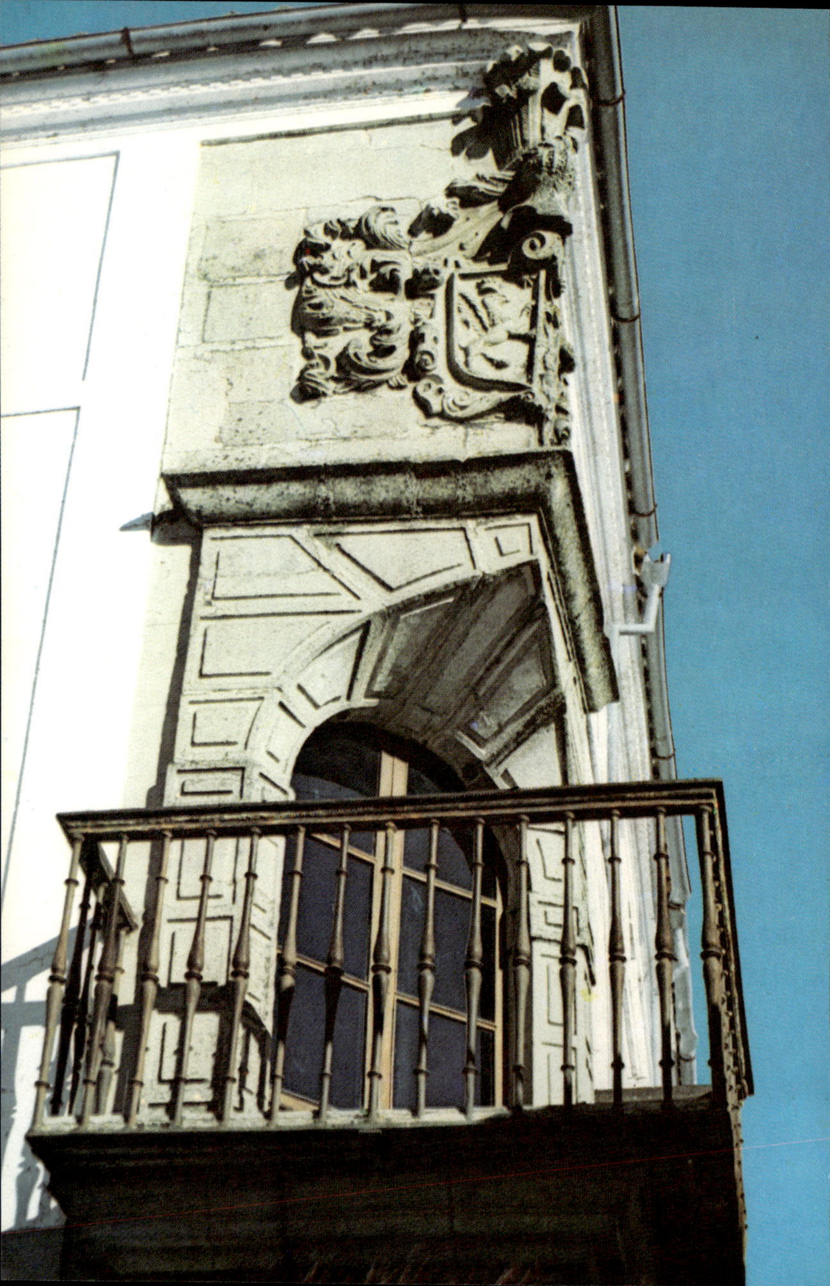

Balcón en ángulo del palacio Pizarro de Aragón.

◀ *Balcón en ángulo de la casa de los Sanabria.*

ta la disposición de la esquina.

No lejos, y en la plazuela de San Miguel, está el palacio del marqués de Sofraga, que se decora con un magnífico balcón angular de la última década del siglo XVI o de la primera del siguiente, muy relacionado con el balcón en ángulo de la casa del Deán de Plasencia y con la talla del lucillo sepulcral del capitán Martín de Meneses, que se halla en el vecino convento de San Miguel. Este espléndido y artístico vano se nos muestra flanqueado por dos pares de columnas corintias, de fustes monolíticos y estriados, sobre las que se apean entablamento retranqueado y pirámides herrerianas; entre estas últimas el esquinado escudo de los Marqueses.

De la plazuela de San Miguel nace la calle del mismo nombre; allí está la casa solariega de los Sanabria, que abre un balcón en ángulo de la primera mitad del siglo XVII, se decora con placas y se remata en chambrana y escudo esquinado con yelmo, cimera y lambrequines.

SAN MARTÍN

Cerrando el norte de la Plaza Mayor, se proyectan en el espacio las geométricas formas de la fábrica parroquial de San Martín. Su fachada de poniente, con las torres de las campanas y del reloj, junto con el broncíneo monumento ecuestre de Francisco Pizarro forman la imagen más típica y popular de Trujillo.

Aunque su estructura actual responde a conceptos espaciales y formas del siglo XVI, ya existía como iglesia del arrabal de la ciudad en la primera mitad del siglo XV. Parece que era de muy reducidas dimensiones, por lo que hacia 1526, el Consistorio y los parroquianos decidieron comenzar las obras de ampliación del recinto eclesial. Las obras se iniciaron por la capilla mayor, que no se había terminado aún en 1529, y dieron como resultado este extraordinario templo compuesto, interiormente, de nave

Iglesia de San Martín. Puerta de las Limas.

Iglesia de San Martín. Detalle de las bóvedas de la nave.

única y ábside poligonal de igual altura y anchura que la nave; ambos espacios se cubren con bóvedas de crucería estrellada de comienzos de la segunda mitad del siglo XVI, con terceletes, ligaduras, combados y pies de gallo.

Varias capillas se abren a la nave, algunas con magníficos enterramientos y rejas, como en la que está sepultado don Pedro Suárez de Toledo, cuya plateresca reja se remata en una bella crestería con las armas de los Mendoza, Chaves y Sotomayor. En la capilla mayor se encuentra el enterramiento del cardenal Cervantes de Gaete, arzobispo de Mesina, Salerno y Tarragona. Otros sepulcros son los góticos de don Francisco de Mendoza y del religioso Hernández Regodón. Extraordinario es el lienzo mural donde se

Iglesia de San Martín. Tribuna de los Vargas y lucillos sepulcrales de los hermanos Vargas Ulloa y de Luis de Camargo.

abre la tribuna de los Vargas, rectangular y elevada estancia cubierta con bóveda de crucería; se comunica con la nave mediante un grueso arco y se protege con una balaustrada, en cuyo centro campean las armas del placentino obispo Vargas-Carvajal. Bajo ella, el plateresco lucillo sepulcral de Luis de Camargo y su mujer Beatriz Alvarez de 1530, y el gotizante de los hermanos Vargas Ulloa en cuyo frente se representan, dentro de medallones o círculos reunidos, tres bustos en bajorrelieve.

De gran interés es el retablo del Cristo de la Agonía, fechable en el tercer cuarto del siglo XVII, y que procede de la antigua iglesia de la Sangre. La imagen del crucificado, de magnífica factura, es obra de un seguidor de la escuela de Montañés. Junto a él, y sobre tres grandes mensulones se halla un bello órgano del siglo XVIII, con ángeles trompeteros y complicadas labores de talla.

Al exterior, se adivina con

Iglesia de San Martín. Medallones del lucillo sepulcral de los hermanos Vargas Ulloa.

Iglesia de San Martín. Rejas del siglo XVI.

facilidad la conformación interna de espacios. Sus muros de sillería granítica se ven reforzados por gruesos contrafuertes, que se corresponden con los arcos perpiaños de división de tramos de bóveda; entre ellos, y de menor altura, los volúmenes rectos de las capillas. La portada sur o de las Limas, es de traza gótica y resto del primitivo templo, se abre bajo una pequeña logia con antepecho lobulado.

El imafronte de la iglesia, como ya habíamos señalado, lo flanquean las torres de las campanas y del reloj. La primera es una sencilla construcción prismática de mamposte-

113

Iglesia de San Martín. Retablo del «Cristo de la Agonía».

Iglesia de San Martín. Órgano del siglo XVIII. ▶

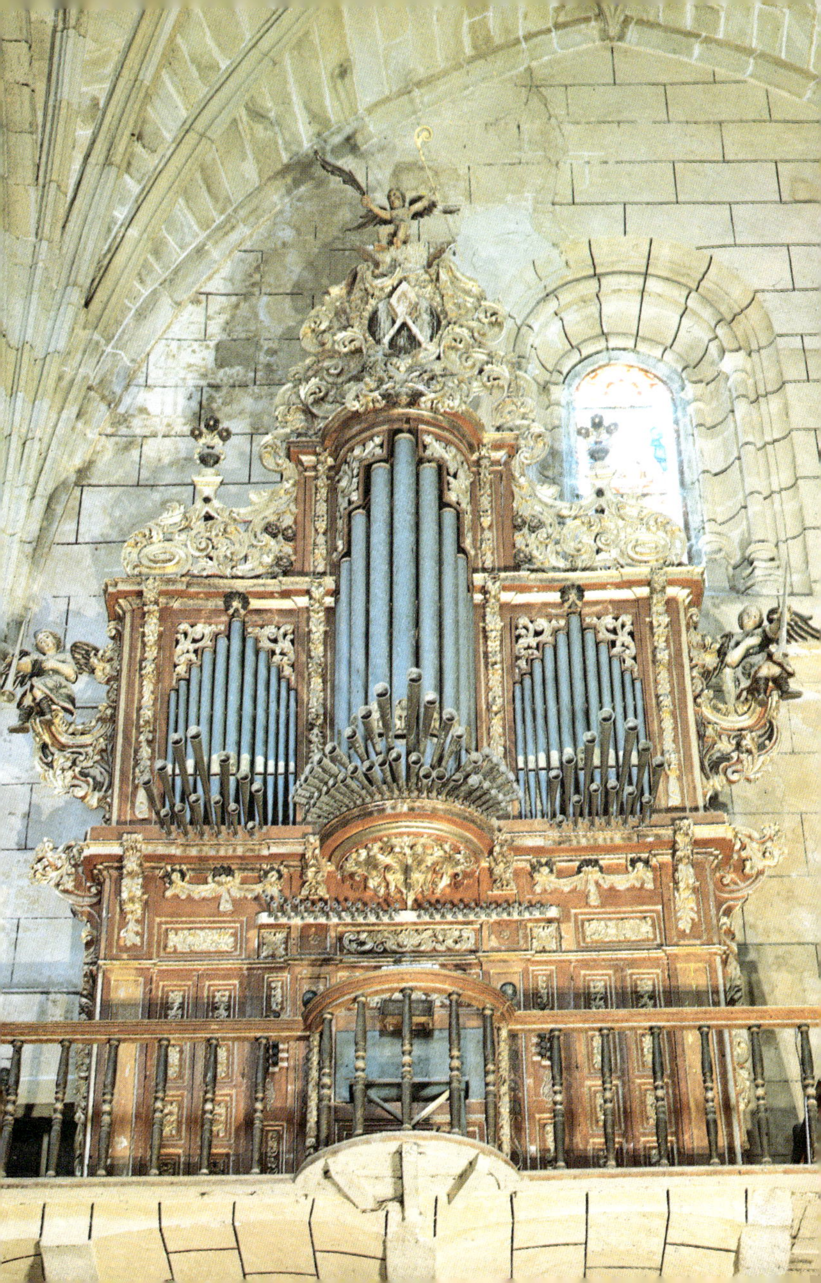

ría e hiladas de sillería en los ángulos; sobre una simple moldura se eleva el campanario, todo de sillería y con ángulos baquetonados. Obra de la última década del siglo XVI es la torre del reloj, de forma poligonal construida con sillería granítica; se corona con un bello templete, cuyas cuatro columnas soportan un entablamento cuadrado, y chapitel decorado con azulejos de Talavera, en cuyos ángulos se disponen bolas herrerianas.

El hastial en sí es de abrumadora sencillez, mostrando un limpio y dorado paramento de sillería. La portada se abre bajo un arco de medio punto, con largas dovelas apeando en jambas cajeadas, flanqueado por columnas toscanas sobre plintos; se remata con entablamento y frontón retranqueados, en cuyo tímpano están esculpidas las armas de don Pedro Ponce de León, obispo de Plasencia. Encima, un alfiz enmarca el escudo de la ciudad de Trujillo, y un sencillo óculo sirve para iluminar el coro alto de la iglesia.

CONVENTUALES

Desastrosas consecuencias tuvieron, para los conventos de Trujillo, la Guerra de la Independencia y el abandono que siguió a la Desamortización eclesiástica; de los nueve conventos que existían en la ciudad, solamente cuatro perduran con verdadera vida conventual: Concepción Jerónima, San Pedro, Santa Clara y San Miguel. De los cinco restantes, dos están en ruinas, otros dos se dedican a diferentes fines y el último, San Francisco, es hoy parroquial y sus dependencias se dedican a la enseñanza.

Dos eran los conventos que elevaban sus muros dentro de la cerca de murallas de La Villa: el de La Coria y el de Jerónimas.

En el siglo XV fue fundado el convento de San Francisco el Real de la puerta de La Coria, que estaba regentado por religiosas de la Tercera Orden Franciscana. Los restos que se conservan son de la segunda

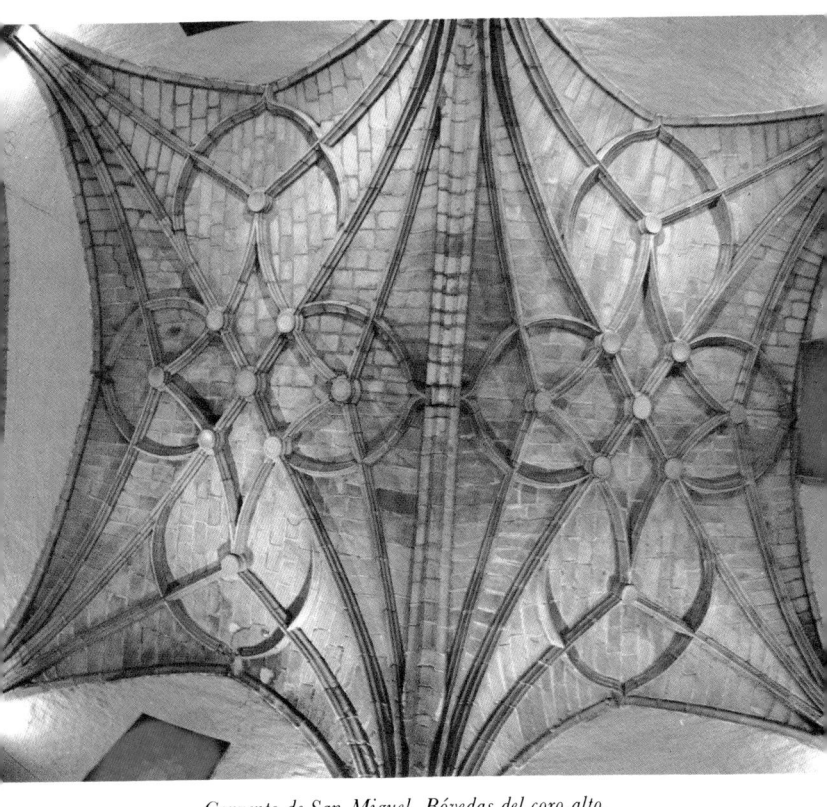

Convento de San Miguel. Bóvedas del coro alto.

mitad del siglo XVI, y entre sus ruinas podemos admirar un hermoso claustro con galerías de arcos carpaneles que apean en columnas con capitel de platerescos caulículos. Dos grandes salas, alta y baja, con numerosos arcos diafragmas escarzanos sobre semicolumnas; quizás fuesen dormitorios comunes o refectorio. En la capilla, con cabecera

Convento de San Miguel. Lucillo sepulcral del capitán Martín de Meneses.

poligonal, todavía se ven los arranques de los nervios de las bóvedas, algunos lucillos sepulcrales y una larga moldura decorada con el cordón franciscano.

El convento de la Concepción Jerónima parece también fundación del siglo XV, respondiendo parte de la iglesia al gusto de la época de los Reyes Católicos; la portada, con arquivoltas baquetonadas y finas columnillas góticas, tenía una pétrea imagen de la Virgen con el Niño, que ha sido trasladada al palacio de los duques de San Carlos, actual residencia de las monjas. En el interior de la iglesia se conserva la estatua orante de Gómez Sedeño de Solís, muerto en 1554.

Doña María de Sotomayor y su hermana Doña Juana Mexía, descendientes de Luis Chaves el Viejo, fueron las fundadoras del convento de San Pedro, extramuros de la ciudad. La fábrica conventual sufrió mucho durante la Guerra de la Independencia; sin embargo, la iglesia se conserva en muy buen estado. El

Convento de San Miguel. Imagen de la Virgen del Mayor Dolor.

Convento de San Miguel. Santa Cecilia.

Convento de San Miguel. Santo Domingo penitente.

Convento de San Francisco. Exterior de la iglesia desde las murallas de La Villa.

ábside es de tres planos y, al igual que la nave, se cubre con bóvedas de crucería sobre responsiones fasciculadas, llevando en las claves los escudos de los Reyes Católicos, de Trujillo y de la orden de Isabeles franciscanas; la portada es gótica con baquetones, columnillas y alfiz, albergando este último también un escudo de la ciudad. Curiosos son los arcos rampantes que soportan los contrafuertes y que dejan espacio para que discurra la estrecha calle a la que se abre la portada de la iglesia.

La conventual de Santa Clara es una de las mayores de Trujillo, aunque no presenta gran interés; sus muros son simples lienzos de mampostería animados en algunos tramos por contrafuertes. La iglesia es pequeña y de finales del siglo XV; su capilla mayor poligonal se cubre con bóveda de nervios, y al exterior muestra una cornisa de bolas. Hermosa es la espadaña de los pies de la iglesia.

Parece ser que una antigua ermita dio origen al convento

de San Miguel y Santa Isabel; pero fue la reina Católica quien en 1502 lo comenzó a reedificar para las monjas dominicas. La iglesia es construcción del siglo XVII y el coro, a los pies, lleva dos tramos de bóvedas de crucería estrellada de mediados del siglo XVI. De gran interés artístico es una imagen de la Virgen del Mayor Dolor, talla policromada de fines del siglo XVII; también lo es una bella talla de San José de escuela andaluza y otra de Santo Domingo, que procede del oratorio privado de los condes de Quintanilla. Del siglo XV es un crucificado que existe en el coro, y del XVII son dos grandes lienzos que representan a Santa Cecilia y a Santa Catalina.

Los franciscanos recibieron también numerosas ayudas de los Reyes Católicos y del municipio para la edificación de su convento; pese a ello, la iglesia conventual de San Francisco no fue abierta a los fieles hasta 1600, y la cúpula del crucero se terminó a comienzos del XVIII.

Convento de San Francisco. Claustro.

Convento de San Francisco. Retablo Mayor de la iglesia.

Convento de San Francisco. Piedad del siglo XVIII. ▶

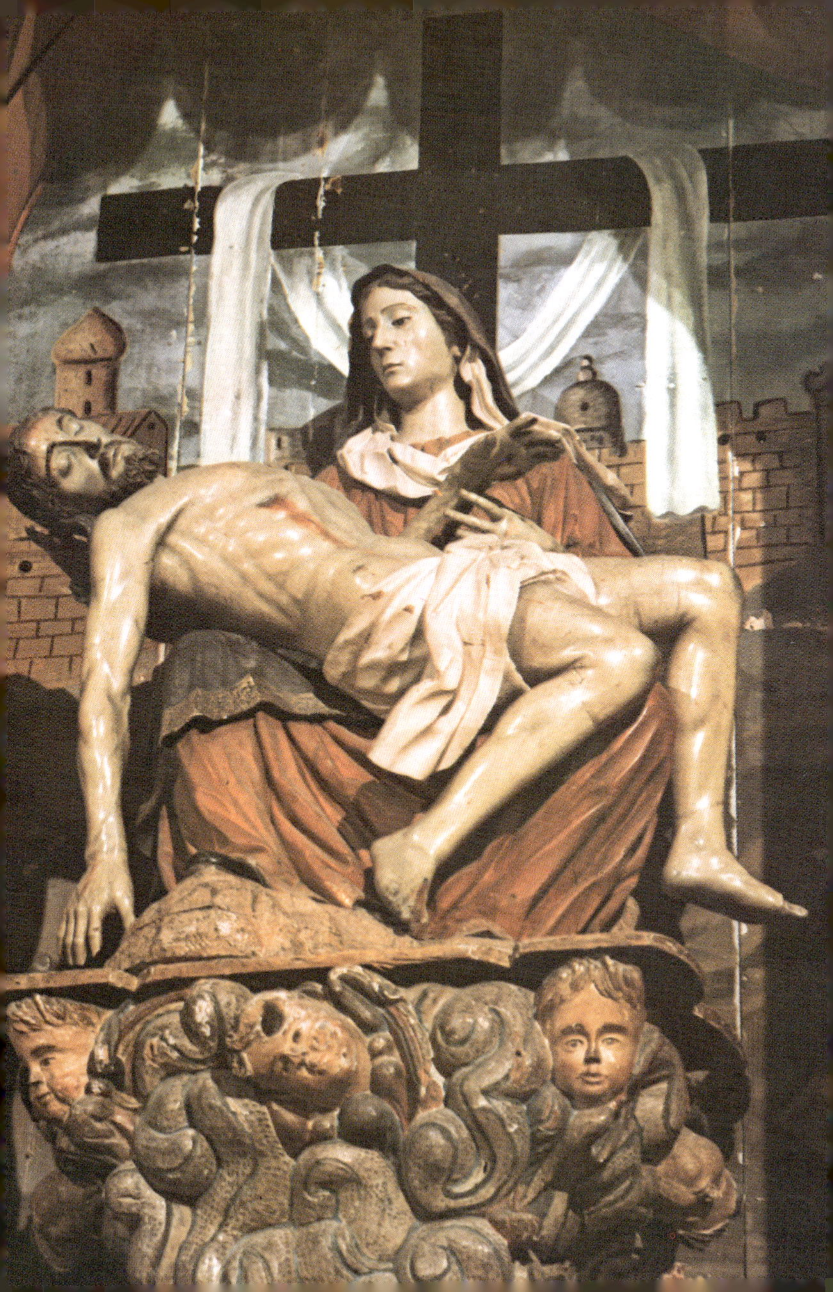

La iglesia se compone de una espaciosa nave con bóvedas de crucería, en cuyas claves se ven los escudos de los Reyes Católicos, y capillas laterales para enterramientos; transepto con cúpula sobre pechinas en el crucero, y ábside de tres paños. Al exterior se destacan los volúmenes de la nave, transepto, cimborrio y capilla mayor. La fachada de sencillas líneas muestra portada con una barroca superposición de alfices y unos espléndidos escudos de Carlos I y del municipio trujillano, entre ellos las imágenes de San Francisco y el Padre Eterno. Las dependencias del convento están hoy dedicadas a la enseñanza y presentan un claustro de sencillas líneas postherrerianas. El retablo mayor de la iglesia, de gran tamaño, con columnas aguirnaldadas y remate casetonado, es del siglo XVIII, como también lo es la imagen de la Piedad de la hornacina central. Otra imagen de interés es una Inmaculada, copia del original de Fernández, en el colateral del Evangelio. En esta iglesia reposan los restos de Hernando Pizarro, hermano del Conquistador, y de su mujer doña Francisca Pizarro Yupanqui; la estatua orante del primero se encuentra entre las ruinas de la iglesia de la Vera Cruz.

La iglesia del convento de San Antonio del Campillo, de comienzos del siglo XVII, muestra un tramo cubierto con bóveda vahída y otro con cúpula. Exteriormente es de mampostería y ladrillo y su severa portada presenta un relieve de San Antonio, bajo un frontón con bolas herrerianas. En la construcción de la iglesia participó el entonces obispo de Plasencia, don Pedro González de Acevo, con tres mil ducados.

En el cercano convento de la Merced fue tres años Comendador Fray Gabriel Téllez, «Tirso de Molina». La iglesia, hoy en ruinas, y las dependencias conventuales, dedicadas a viviendas particulares, llevan espléndidas portadas del siglo XVII.

Convento de San Francisco. Inmaculada. ▶

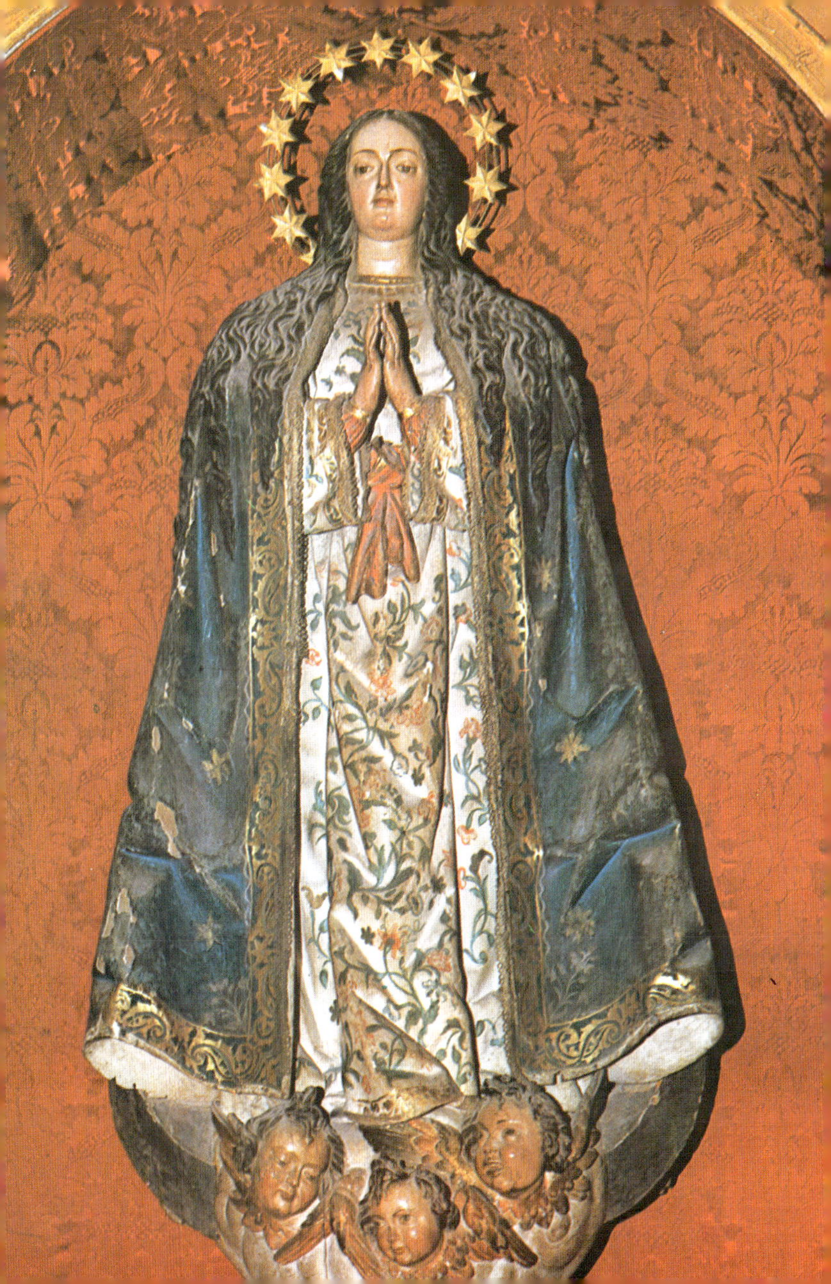

Los dominicos tuvieron convento bajo la advocación de la Encarnación, y aunque se comenzaron las obras a fines del siglo XVI, no se concluyeron hasta comienzos del siglo XVIII. Interesante es la portada con relieves de la Anunciación en las enjutas del arco.

HOSPITALES Y FUNDACIONES PIADOSAS

Varios fueron los hospitales, con sus correspondientes cofradías, que se dedicaban a los humanitarios fines de cuidar la convalecencia y la cura de enfermos pobres. Del hospital de la Caridad, también conocido como hospital de Jesús, nos queda su iglesia con portada a la calle de Pardos; en ella existe una granítica imagen del siglo XVII, que representa a la Virgen de la Caridad, en avenerada hornacina. El hospital del Espíritu Santo, fundación de los Barrante y Orellana, se encontraba junto al convento de dominicos y no lejos del anterior; de él se conservan algunas estancias cubiertas con bóvedas de ladrillo y parte de su iglesia.

Dentro de la cerca de murallas de La Villa, y junto a la puerta de San Andrés, levanta sus blancos muros el antiguo hospital de la Concepción, fundado sobre las casas de los Chaves-Mendoza, cuyos escudos flanquean la portada de la capilla. Posteriormente sirvió de residencia a los Descalzos de San Pedro de Alcántara.

En la Cuesta de la Sangre, que parte de la Plaza Mayor y conduce a la puerta de Santiago, se halla la antigua iglesia de la Sangre de Cristo. Su construcción fue patrocinada por don Gabriel Pizarro de Hinojosa y Arévalo, Inquisidor de Córdoba y Granada, que en su testamento de 1625, indicaba las líneas generales que debían seguirse para su erección y el fin que se proponía: ser su enterramiento y ser espacio sacro para las cele-

Convento de San Francisco. Imagen románico-gótica de la Virgen con el Niño. ▶

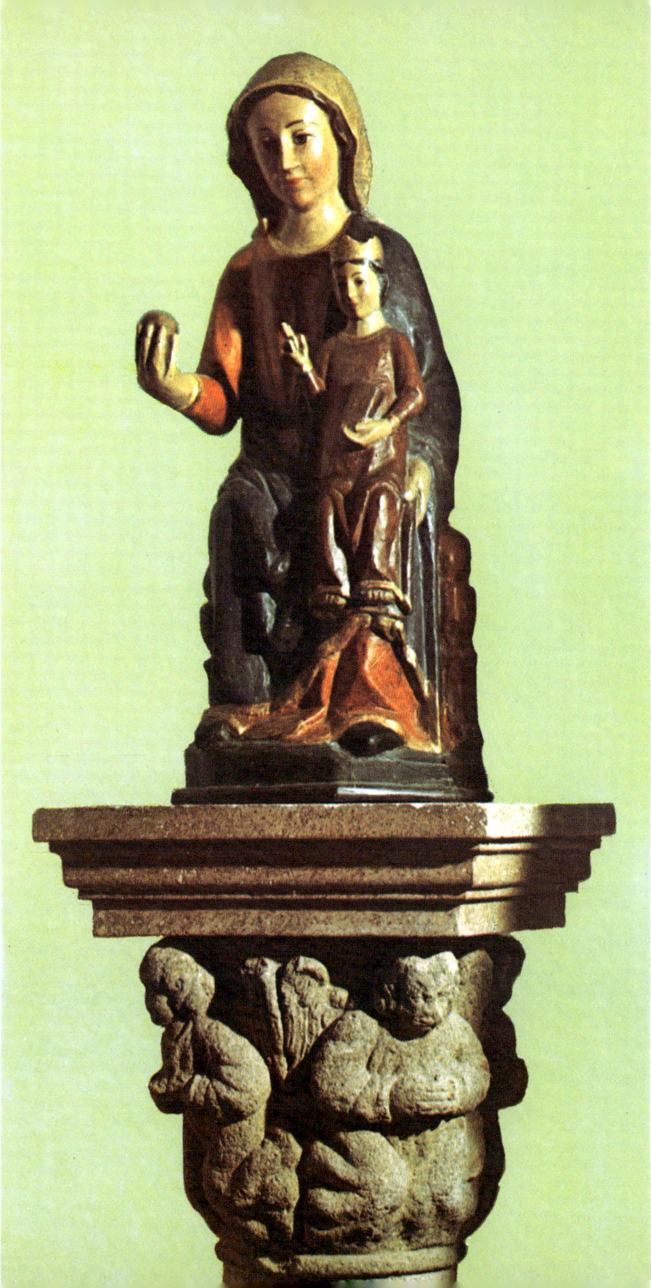

Espadaña del convento de Santa Clara.

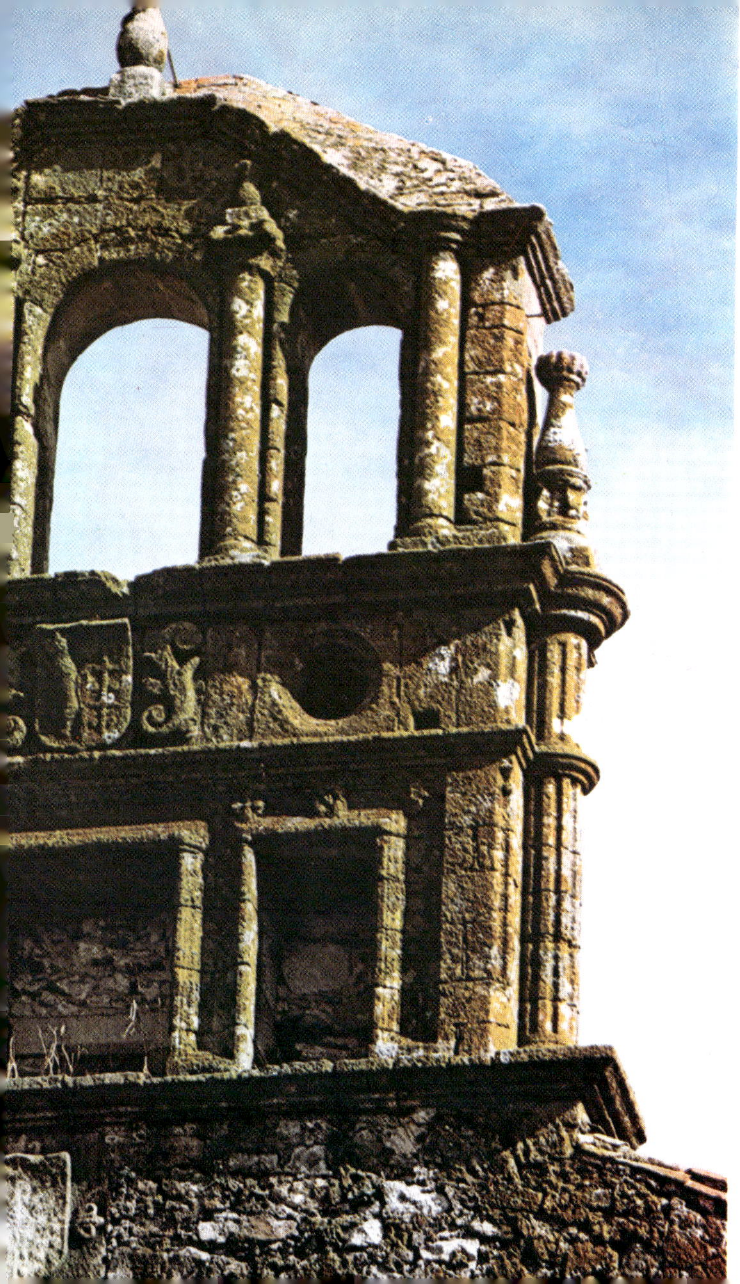

braciones del cabildo de capellanes de Trujillo.

Esta sencilla iglesia, de planta de cruz latina y cimborrio de ladrillo sobre el crucero, debió comenzarse hacia 1626; las obras estuvieron a cargo del maestro de cantería Gabriel Pintiero. De gran interés son sus dos barrocas y bien trabajadas portadas de cantería.

DE HERÁLDICA

Sin lugar a dudas, La Ciudad y La Villa de Trujillo forman un extraordinario conjunto, que podría ser calificado de museo de heráldica.

Las piedras armeras de los linajes y mayorazgos trujillanos sobrepasan varios centenares; sus blasones, al estar situados en las fachadas o cier-

Fachada de la iglesia del convento de San Antonio del Campillo y monumento al padre Tena.

tos interiores de los palacios, casas e iglesias, nos sirven para atribuir con absoluta certeza a quién perteneció, o contribuyó a su erección, y en qué fecha fue construido el edificio, retablo o enterramiento en cuestión. A ello nos ayuda también la historia del Arte; no podemos olvidar que el escudo de armas también es escultura, y como tal responde su estética a determinados conceptos, formas o expresiones de un estilo artístico de un momento concreto.

Difícil es, en tan pocas líneas, reseñar todas las modalidades de blasones de las familias o linajes de Trujillo, máxime cuando se repiten o comparten cuarteles por las alianzas matrimoniales. De todas formas, intentaremos ver aquellos que con mayor frecuencia aparecen, o son de grande o particular valor artístico.

Los linajes más antiguos de Trujillo —según Naranjo Alonso— son los Añasco, Bejarano y Altamirano, que participaron en la reconquista de la ciudad; de ellos parten diversas ramas o casas surgidas por matrimonios entre ellos o con otros linajes foráneos.

El blasón de los Añasco, que encontramos en la puerta de Triunfo, se compone de una cruz floreteada y cantonada de cuatro veneras. De este linaje parten los Pizarro, que a su vez forman diversas ramas; sus armas genéricas son un sauce acostado de dos osos rampantes uno a cada lado. Francisca Pizarro, hija del Conquistador, recibió un nuevo escudo de armas por concesión de Carlos V, que vemos sobre el balcón en ángulo del palacio del marqués de la Conquista; en él se quiere simbolizar toda la trayectoria de conquistas y hazañas del marqués Francisco Pizarro. Por su importancia histórica vamos a transcribir, tal como lo hace el señor Tena Fernández en su libro, la Real Cédula otorgada en 1537 por el Emperador:

«Vos habíamos mandado ser por armas un águila negra que abrace dos columnas que nos traemos por divisa con una letra que dice: Plus Ultra. *Y que dicha águila tenga una corona de Rey de oro en la cabeza, y la ciudad de Tumbez que fue la primera que hallaste en la dicha tierra al tiempo que la descubriste, con un león y un tigre que guardaban la puerta principal de ella y algunas aguas del mar junto a la dicha ciudad y en ellas dos navíos con las velas amainadas y por orla ciertas ovejas con un rótulo donde estén escritas las letras siguientes:* Caroli Caesaris auspicio et labore, ingenio ac impensa ducis Pizarro inventa et pacata. *Y como después siendo así mismo informados que habíades preso al señor principal de las dichas provincias que se decía Atabalipa y tomando con fuerza de armas las ciudades del Cuzco y Jauja y la Jamaica y otros algunos pueblos de las Indias*

Virgen de la Caridad, en la fachada del antiguo Hospital de su nombre.

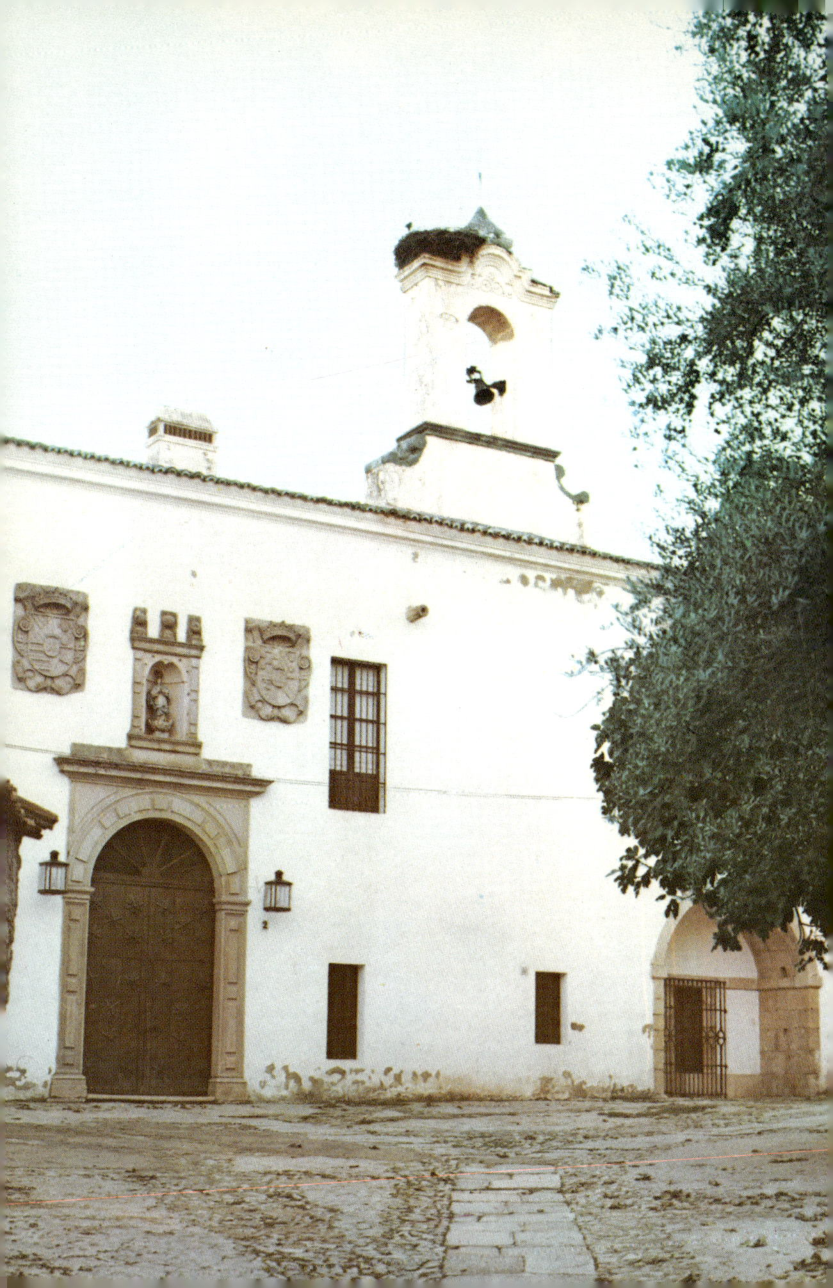
2

de la dicha provincia, vos habíamos mandado acrecentar las dichas armas y daros otras de nuevo que fueron un escudo que en la primera parte alta estaba la dicha ciudad del Cuzco, en memoria de haberla vos poblado y conquistado con una corona de Rey de oro sobre ella de la cual está asida una borla colorada que el dicho cacique Atabalipa traía, y por orla de ese cuarto una letra que dice: Indefesso labore meo. Fidem proe oculis habens tot comparavi divitias. Y en el otro cuarto alto de la mano izquierda un león rampante de oro con una F colocada en las manos, y en otro cuarto bajo y más principal de dicho escudo, otro león pardo con corona de Rey de oro, preso con una cadena de oro, en memoria de la prisión de dicho cacique, y por orla de dicho escudo siete grifos presos con una cadena de oro todos ellos, y cada uno de ellos tenga una bandera azul, que salga fuera del escudo.

E queremos e mandamos que demás de las dichas armas podais traer en el escudo de vuestros reposteros e casas y los de los dichos vuestros hijos y herederos y sucesores perpetuamente y en las otras partes e lugares, que vos y ellos quisiéredes y por bien hubiéredes, el dicho cacique, Atabalipa, abiertos los brazos y puestas las manos en dos cofres de oro y una borla colorada en la frente que es la que el dicho cacique traía, con una argolla de oro a la garganta asida con dos cadenas de oro y por orla siete indios capitanes de la dicha provincia que se dice Quizquiehase, etc. con sendas argollas a las gargantas, presos con una cadena de oro asida a las dichas argollas con la cual están los siete caciques presos, y las manos atadas, y por timbre un yelmo abierto con su roelo y dependencias de oro y azur y encima del dicho yelmo un medio león de oro con una espada desnuda y sangrienta en la mano y un coronel, según y como los traen los otros marqueses...»

En el centro del escudo campean las anteriores armas de los Pizarro.

Le sigue en antigüedad en Trujillo el linaje de los Bejarano; éstos traen por blasón un león rampante y cuatro cabezas de dragón movientes de los cuatro ángulos del escudo. De este origen son los

◀ *Hospital de la Concepción, dentro del recinto murado de La Villa.*

Vargas, que traen tres ondas, y los Carvajal una banda; unidos aparecen en el palacio de los duques de San Carlos, sobre el águila bicéfala imperial, que fue otorgada por Carlos V en 1526 al doctor Galíndez de Carvajal.

Del linaje de los Altamirano son los Orellana, Chaves, Escobar, Calderón e Hinojosa. Los blasones de los Altamirano y Orellana son fáciles de confundir porque ambos muestran diez roeles y bordadura de ocho aspas. Los Chaves llevan blasón con cinco llaves puestas en aspa, y con los ojos hacia abajo; a veces se orlan con bordura de aspas alternando con las quinas de Portugal. Los Escobar, con cinco escobas en aspa; los Calderón, dos calderones un poco cerrados hacia la boca y puestos uno sobre otro, y los Hinojosa, una mata de hinojos.

BIBLIOGRAFÍA SUMARIA

CADENAS Y VICENT: *Repertorio de blasones de la Comunidad hispánica*. Madrid, 1966.

CERRILLO Y MARTÍN DE CÁCERES: *Excavación en la basílica de Magasquilla de los Donaires en Ibarerdo*. Cáceres. XIII Congreso Nacional de Arqueología, Huelva, 1973. Zaragoza, 1975.

CONDE DE CANILLEROS: *Cáceres*. León, 1969.

DEL HOYO: *Las ventanas de ángulo del renacimiento español*. Revista «Goya», n.º 130. Madrid, 1976.

DOTOR: *Cáceres y su provincia*. Revista Geográfica Española, n.º 37.

GAYA NUÑO: *Fernando Gallego*. Madrid, 1968.

MELIDA: *Catálogo Monumental de España —prov. de Cáceres–*. Madrid, 1924.

NARANJO ALONSO: *Trujillo, solar de conquistadores*. Cáceres, 1929.

PONZ: *Viage de España*. Tomo VII. Madrid, 1784.

TENA FERNÁNDEZ: *Trujillo histórico y monumental*. Madrid, 1968.

UNAMUNO: *Por tierras de Portugal y de España*. Madrid, 1969.

VELO Y NIETO: *Castillos de Extremadura*. Madrid, 1968.

ÍNDICE

Págs.

Figura 5

Los orígenes 8

De la Reconquista a los Reyes Católicos 12

Pizarro y el devenir americano 15

El castillo 27

La Villa: Murallas y puertas 30

La Villa: Casas fuertes y solariegas 34

Santa María la Mayor 56

Parroquiales de La Villa 72

Extramuros: La Plaza Mayor 75

Extramuros: Palacios y casas señoriales 81

Balcones en ángulo 100

San Martín 108

Conventuales 116

Hospitales y fundaciones piadosas 130

De heráldica 134

Bibliografía sumaria 141